사료 전문가가 알려주는 고양이 식습관

고양이는 왜 밥을 먹지 않을까

이와자키 에이지 저
김가현 역

NEKO WA NAZE GOHAN NI AKIRUNOKA?
NEKO GOHAN HAKASE GA OSHIERU 'OISHISA' NO HIMITSU
© Eiji IWAZAKI, 2023
Korean translation rights arranged with HOMESHA Inc.
through Japan UNI Agency, Inc., Tokyo and Lee&Lee Foreign Rights Agency, Gyeonggi-do
All rights reserved. No part of this publication may be reproduced or transmitted in any form or by any means without permission except in the case of brief quotations embodied in critical articles or reviews.

ISBN : 978-89-314-6973-8

이 책은 리앤리에이전시(Lee&Lee Foreign Rights Agency)를 통한 저작권자와의 독점계약으로 도서출판 영진닷컴에서 출간되었습니다. 저작권법에 의해 한국 내에서 보호를 받는 저작물이므로 무단전재와 복제를 금합니다.

독자님의 의견을 받습니다.

이 책을 구입한 독자님은 영진닷컴의 가장 중요한 비평가이자 조언가입니다. 저희 책의 장점과 문제점이 무엇인지, 어떤 책이 출판되기를 바라는지, 책을 더욱 알차게 꾸밀 수 있는 아이디어가 있으면 팩스나 이메일, 또는 우편으로 연락주시기 바랍니다. 의견을 주실 때에는 책 제목 및 독자님의 성함과 연락처(전화번호나 이메일)를 꼭 남겨 주시기 바랍니다. 독자님의 의견에 대해 바로 답변을 드리고, 또 독자님의 의견을 다음 책에 충분히 반영하도록 늘 노력하겠습니다.

파본이나 잘못된 도서는 구입처에서 교환 및 환불해드립니다.

이메일 : support@youngjin.com
주   소 : (우)08507 서울특별시 금천구 가산디지털1로 128 STX-V타워 4층 401호
등   록 : 2007. 4. 27. 제16-4189호

STAFF
저자 이와자키 에이지 | **번역** 김가현 | **총괄** 김태경 | **진행** 윤지선 | **디자인·편집** 김소연
영업 박준용, 임용수, 김도현, 이윤철 | **마케팅** 이승희, 김근주, 조민영, 김민지, 김도연, 김진희, 이현아
제작 황장협 | **인쇄** 제이엠

시작하며 · 012
일러두기 · 014

고양이가 밥을 먹지 않는 이유 찾기

고양이가 느끼는 '맛'이란 이 다섯 가지로 정해진다 · 016
[Column 1] 원재료의 위험성 · 019
고양이 식습관 고민 타입 진단 차트 · 020

고양이의 습성

고양이는 진화해 왔다 · 024
새로운 것을 좋아하는 고양이 · 027
[Column 2] 곡물 비율이 많은 건식 사료는? · 031
고양이는 장난치는 것이 좋아: 사냥 욕구 · 032
고양이의 수면 시간은 16시간 이상 · 034
고양이의 오감 ①: 후각 · 036
고양이의 오감 ②: 촉각 · 038
[Column 3] 고양이에게 그레인프리가 정말 필요할까? · 043

008 고양이는 왜 밥을 먹지 않을까

고양이의 오감 ③: 청각 • 044
고양이의 오감 ④: 시각 • 046

 **Part 3**
고양이의 미각

고양이의 미각 ①: 단맛 • 050
고양이의 미각 ②: 신맛 • 053
고양이의 미각 ③: 짠맛 • 056
고양이의 미각 ④: 쓴맛/지방의 맛 • 058
[Column 4] 다묘가정의 식사 포인트 • 061
고양이의 미각 ⑤: 감칠맛 • 062
야생 고양이의 식사 • 064
고양이와 생선에 관한 논쟁 • 066
조금씩 자주 먹는 것이 좋은 고양이 • 070
잡은 직후의 따끈따끈한 먹이가 좋은 고양이 • 072
3일 굶으면 지방간!? • 074
새끼 고양이 때의 경험이 기호로 연결된다 • 076

Part 4
맛있는 고양이 밥의 비법

고양이가 느끼는 맛 측정 방법 ①: 섭식 시험, 비섭식 시험 • 080
고양이가 느끼는 맛 측정 방법 ②: 표정으로 읽기 – 식사 전, 식사 중, 식사 후 • 083
고양이에게 필요한 영양소 ①: 단백질, 아미노산 • 085
고양이에게 필요한 영양소 ②: 지방 – 지방의 양, 질, 종류 • 090
[Column 5] 고양이가 타고난 생선 마니아인 이유 • 093
인기 사료의 비밀 ①: 조미료 – 고기, 생선 엑기스, 기호제, 효모, 내장, 인산 • 094

인기 사료의 비밀 ②: 바삭바삭함 • 098

인기 사료의 비결 ③: 사료알의 형태, 사이즈 • 101

인기 사료의 비밀 ④: 씹는 재미(건식 사료) • 104

인기 사료의 비밀 ⑤: 소재감(습식 사료) • 106

인기 사료의 비밀 ⑥: 조리법 • 108

Part 5
고양이 식습관 고민 해결!

미식가(쉽게 질림/신선도 중시) 타입: 개요 • 112

미식가 타입을 위한 해결법 ① • 115

미식가 타입을 위한 해결법 ② • 117

미식가 타입을 위한 해결법 ③ • 119

네오포비아 타입: 개요 • 121

네오포비아 타입을 위한 해결법 ① • 124

네오포비아 타입을 위한 해결법 ② • 126

네오포비아 타입을 위한 해결법 ③ • 128

노화, 질병 타입: 개요 • 130

노화, 질병 타입을 위한 해결법 • 133

호불호 없는 고양이로 키우기 위해서는 • 135

[Column 6] 시니어 전용 사료의 함정 • 138

Part 6
고양이와 비만

고양이의 비만이란 어떤 상태일까? • 142

고양이와 비만 ① 수컷 고양이는 암컷 고양이보다 비만이 되기 쉽다? • 148

고양이와 비만 ② 중성화 수술의 영향 • 150

고양이와 비만 ③ 노화 • 152

고양이와 비만 ④ 유전적 요인, 체격 • 154

고양이와 비만 ⑤ 식사 제한 • 156

고양이와 비만 ⑥ 다묘가정 • 158

고양이와 비만 ⑦ 집사와의 관계성 • 160

고양이와 비만 ⑧ 운동 부족 • 162

고양이 식습관 고민 타입 발달 그림 • 164

끝을 맺으며 • 168

참고 자료 • 170

참고 문헌 • 172

시작하며

안녕하세요, 저는 일본펫푸드에서 매일 '고양이 사료'에 대해 연구하고 있는 이와자키 에이지입니다. 이 책에서는 '고양이 식습관 박사'로서, 고양이의 식단에 관해 고민을 가진 집사분들을 도울 수 있는 소중한 정보들을 소개하려고 합니다.

'미식가, 까다롭다, 금방 싫증 낸다'. 고양이의 식사 습성에 대해 많이 나오는 말입니다. 호불호가 확실한 고양이의 사료를 고르는 것은 분명 밀당과 끈질긴 사투의 연속입니다.

고양이들은 제공된 밥이 마음에 들지 않으면 입조차도 대지 않습니다. 지난 밤에 준 건식 사료가 그릇에 그대로 남아 있을 뿐 아니라 손으로 젓거나 퍼내 버리고는 모른 척하기도 합니다. 가다랑어포를 토핑해서 맛에 변화를 줘도 절대로 먹는 법이 없지요. 이 책을 읽고 계시는 분 중에는 그런 상황들을 경험한 분들이 많으실 듯합니다.

고양이가 편식하는 것은 고양이 특유의 성질이라 어쩔 수 없는 일이라고 생각할지도 모릅니다. 하지만, 고양이가 밥을 먹지 않는 문제는 분명 해결할 수 있습니다. 그를 위해서는 먼저 고양이가 생각하는 '맛있는 밥'에 대해 많이 공부하는 것이 필요합니다. 이 맛있는 밥의 정의에 인간의 가치관을 밀어붙여서는 안 됩니다.

한편 제가 아는 한에서는, 과학적인 근거에 기반해서 고양이가 느끼는 '맛있는 밥'을 소개한 일반인 대상의 서적은 아직 없습니다.

고양이의 식사에 고민이 많은 집사분들을 위해, 고양이가 느끼는 '맛있음'에 대해 쉽게 배울 수 있는 책을 제공하고 싶다는 마음, 그리고 즐겁게 밥을 먹는 고양이들이 조금이라도 많아지면 좋겠다는 마음으로 이 책을 완성하였습니다.

고양이가 집사의 생각대로 먹지 않는 이유는 매우 복잡하여 한 단어로 표현할 수는 없습니다. 모든 문제를 해결할 수 있는 만능 대책법은 존재하지 않기 때문에 각각의 고양이에 알맞은 맞춤형 대책을 세우는 것이 필요합니다.

이를 위해 이 책에서는 먼저 차트로 고양이 식사 문제의 타입을 진단하는 것으로부터 시작합니다. 문제의 타입별로 원인을 찾아낸 후, 각각의 고양이에 알맞은 대책을 찾을 수 있게 되어 있습니다.

그리고 본편에서는 고양이가 가지고 있는 습성과 미각 등의 생태학적 측면과, 이를 참고한 고양이 식사 연구 등의 실질적 측면에 대해 하나하나 설명하고 있습니다. 이를 통해 고양이가 느끼는 '맛'을 보다 깊게 이해할 수 있으며 결과적으로는 고민 해결의 실마리가 될 것입니다.

이 책이 고양이 식사에 관해 고민하는 모든 집사에게 도움이 될 수 있기를 마음 속 깊이 바랍니다.

만화·일러스트 … 후카가와 나오미
판화·원서 북디자인 … 모치즈키 아키히데 + 하야시 마리나 (NILSON)

일러두기

- 사료는 시판되는 고양이 음식을 통칭하는 말이며, 알갱이 형태의 건조한 사료는 건식 사료, 캔이나 파우치 상태로 주로 유통되는 물기 있는 사료는 습식 사료로 칭하였다.
- 일본에만 해당하는 내용은 그에 상응하는 국내 사항으로 변경하였다. 단, 일본에만 해당하거나 문맥상 변경이 어려운 경우에는 원문을 그대로 유지했다.

PART 1
고양이가 밥을 먹지 않는 이유 찾기

고양이를 기르는 분들이 많이 하는 고민 중 하나가 '고양이가 생각만큼 밥을 잘 먹지 않는다'는 것입니다. 이 문제를 해결하기 위해서는 먼저 여러분의 반려 고양이가 어떤 타입인지를 파악하는 것이 중요합니다. 이를 위해 우리는 먼저 고양이의 식사에 관해 고민되는 문제점의 타입을 진단할 것입니다. 밥을 먹지 않는 원인이 무엇인지를 파악해야 문제의 해결에 한 발 더 가까워질 수 있으니까요.

고양이가 느끼는 '맛'이란 이 다섯 가지로 정해진다

고양이의 식사에 관한 고민을 해결하기 위해서, 먼저 고양이에게 '맛'이 무엇인지를 알아둡시다. 고양이가 느끼는 맛은 여러 요소가 복잡하게 얽혀 있습니다. 이 책에서는 '맛있는 밥'의 요소를 다음의 다섯 가지로 분류해서 설명합니다.

① 식성

고양이가 개 등의 다른 반려동물과 가장 두드러지게 다른 것은 '타고난 육식가'라는 것입니다. 야생의 고양이는 쥐 등을 하루에도 몇 번씩 사냥해서 신선한 상태로 먹습니다. 이런 특수한 식사 스타일에 적응해 몸의 구조와 행동 등이 다양한 형태로 변화해 왔습니다. 이런 고양이의 특징을 이해해야 고양이가 맛있게 먹을 밥을 준비할 수 있는 것입니다.

② 오감

인간에게 음식의 향기나 모양, 식감이 맛있는 식사의 열쇠가 되는 것과 마찬가지로 고양이에게도 후각, 촉각, 청각, 시각 그리고 미각 등의 모든 감각이 밥의 맛을 좌우합니다. 고양이는 직접적인 미각뿐 아니라 식감과 냄새에 대해서도 호불호가 확실합니다. 이런 고양이만의 감각을 파악해야 고양이에게 '맛있는' 밥이 무엇인지 알 수 있게 되는 것입니다.

③ 학습

인간과 마찬가지로 고양이도 태어나 자라며 쌓게 되는 여러 경험을 통해 입맛을 학습합니다. 그 시작은 어미 고양이의 태내까지 거슬러 올라갑니다. 또한 태어난 이후, 특히 새끼 고양이 때의 경험은 평생에 걸쳐 영향을 끼치기 때문에 매우 중요한 시기입니다. 식사의 경험뿐만 아니라 새끼 고양이 때의 사회 경험도 고양이의 식습관에 크게 영향을 주는 요소의 한 가지입니다.

④ 영양, 건강 상태

건강은 좋은 식습관을 위한 가장 중요한 비결입니다. 육식동물인 고양이에게는 단백질과 아미노산이 필수 요소입니다. 고양이뿐 아니라 모든 생물은 기본적으로 필요한 영양소일수록 맛있게 느끼도록 되어 있습니다. 반대로 고양이에게 필요하지 않은 성분은, 설령 다른 동물에게는 좋은 효과를 보이는 것이라고 해도 고양이가 싫어하는 경우가 흔합니다.

⑤ 생활 환경

빛과 소음, 동거 고양이의 존재 여부 등의 거주 환경, 식사와 물이 놓인 장소 등의 식사 환경, 화장실과 식기의 청결 상태와 같은 위생 환경 등, 다양한 요인들이 고양이가 느끼는 '맛'에 영향을 줍니다. 일본에는 '개는 사람에게 정착하고, 고양이는 집에 정착한다'라는 말이 있습니다. 이 말은 안심할 수 있는 장소일수록 고양이는 식사를 더 맛있게 할 수 있다는 뜻입니다. 사람의 식생활도 고양이의 기호에 영향을 주고, 집사와의 관계 또한 만족스러운 식사에 큰 영향을 주게 됩니다.

COLUMN 1

원재료의 위험성

사료의 원재료명에는 집사분들에게 익숙지 않은 단어들이 나열되어 있어 불안을 느끼기 쉽습니다. 신경이 쓰여 이 원재료에 대해 찾아보면, '○○는 위험하다'라고 주장하는 인터넷 기사를 보게 되는 경우도 있습니다. 특히 발암성이 인정된 물질이라고 하면 반사적으로 '위험하다'라고 여기기 쉬운 것 같습니다. 그렇다면 이 위험하다고 알려진 원재료는 정말로 고양이에게 해가 되는 것일까요?

예를 들면, BHA/BHT라고 하는 방부제는 분명 위험하다고 여겨지기도 합니다만, 사료에는 실험에 의해 무해하다고 확인된 양의 약 1% 정도만 사용하고 있으며 안정성을 확실하게 평가 받고 있습니다.

인터넷에 넘치는 '○○의 위험성' 같은 정보를 보면 이 재료가 해로운지 무해한지 딱 잘라 말할 수 있을 것 같지만 현실은 그리 단순하지 않지요. 생각의 방식에 따라서는 효소나 비타민A도 강력한 발암물질이 될 수 있는 것처럼, 얼마나 많이 사용하냐가 문제인 거지요. 즉, 신체에 영향이 없는 정도의 발암성 물질은 두려워할 필요가 없다는 것이 제 생각입니다.

인터넷 사회의 과장된 표현에 현혹되지 않기 위해서는 정보를 받아들이는 사람도 진실을 간파하는 눈을 키우지 않으면 안 됩니다. 신경이 쓰이는 기사를 발견한 경우에는 먼저 인용 문헌이나 참고 문헌의 유무를 확인해 봅니다. 가능하면 출처의 신뢰도까지 확인하는 것이 좋습니다.

진정한 전문가는 자신이 발언한 정보에 기꺼이 책임을 지며, 자신의 의견이 옳다는 것을 보증하기 위해 과학적 근거에 기반하여 발언합니다. 반면에 과학적 근거가 없는 글은 감상문이나 다름 없습니다. 혹여 의사나 수의사와 같은 전문가가 쓴 것이라 하여도 과학적 근거가 부족하다면 신뢰성이 낮다고 판단해야 합니다. 그러한 기사들은 일단 멀리하는 것이 좋습니다.

고양이 식습관 고민 타입 진단 차트

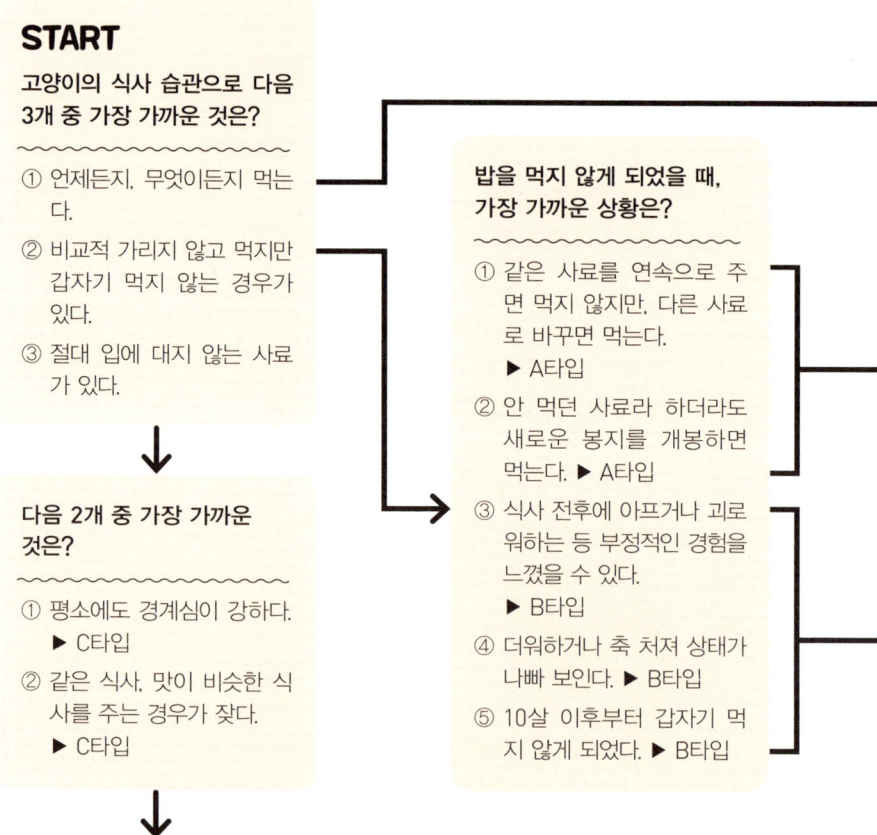

START
고양이의 식사 습관으로 다음 3개 중 가장 가까운 것은?

① 언제든지, 무엇이든지 먹는다.
② 비교적 가리지 않고 먹지만 갑자기 먹지 않는 경우가 있다.
③ 절대 입에 대지 않는 사료가 있다.

↓

다음 2개 중 가장 가까운 것은?

① 평소에도 경계심이 강하다.
▶ C타입
② 같은 식사, 맛이 비슷한 식사를 주는 경우가 잦다.
▶ C타입

밥을 먹지 않게 되었을 때, 가장 가까운 상황은?

① 같은 사료를 연속으로 주면 먹지 않지만, 다른 사료로 바꾸면 먹는다.
▶ A타입
② 안 먹던 사료라 하더라도 새로운 봉지를 개봉하면 먹는다. ▶ A타입
③ 식사 전후에 아프거나 괴로워하는 등 부정적인 경험을 느꼈을 수 있다.
▶ B타입
④ 더워하거나 축 처져 상태가 나빠 보인다. ▶ B타입
⑤ 10살 이후부터 갑자기 먹지 않게 되었다. ▶ B타입

C. 새로운 것을 싫어하는 타입

까다로운 타입입니다. 같은 경험 부족의 타입이라도 ① 타입은 사회 경험의 부족, ② 타입은 식사 경험의 부족이 원인이라고 생각할 수 있습니다. 이 타입은 계속 먹어 왔던 한정된 종류만 즐겨 먹습니다. 건식 사료만 좋아하고 캔 사료 등의 습식 사료는 먹지 않는 고양이도 자주 있습니다. 건강한 때에는 큰 문제가 되지 않지만, 식사를 바꿔야 하는 때에는 고생하는 경우가 많습니다(121 페이지).

이 책에서는 고양이의 식사에 관한 지식과 더불어 그에 관련된 고민을 크게 4개의 타입으로 나누고, 각각의 해결법을 소개합니다.
먼저, 아래의 차트를 보고 우리 집 고양이가 어떤 타입에 해당하는지 진단해 봅시다.

> **호불호가 없다! 엘리트 타입**
> 가리지 않고 무엇이든지 맛있게 먹는 엘리트 고양이입니다. 병에 걸리더라도 처방식으로 갈아타기가 쉬워서 치료에 전념할 수 있습니다. 새롭게 새끼 고양이를 맞이하게 된다면, 꼭 이러한 타입으로 자라도록 노력해 봅시다.

> **A. 미식가 타입**
> 매우 고양이다운 변덕이 두드러지는 타입입니다. ① 타입의 고양이는 밥에 싫증을 잘 내고, 이전에 줬을 때는 잘 먹었던 것을 다음 번에는 먹지 않게 되는 경우가 자주 있습니다. ② 타입의 고양이는 신선도를 중시하는 경향이 있어, 새로운 봉지를 개봉하거나 다른 사료로 바꾸면 먹는 특징을 가지고 있습니다.

> **B. 노화, 질병 타입**
> 몸의 상태가 좋지 않아 식욕이 저하된 타입입니다. 우리 아이는 건강해서 병에 걸렸을 리 없다고 생각할 수 있는데, 생각지 못한 함정이 있을지도 모릅니다. 고양이는 몸의 상태를 감추는 것에 능하고, 건강하게 보여도 실제로는 상태가 나쁜 경우도 종종 있습니다. 그러한 경우에는 병으로 식욕이 떨어진 것이 마치 단순히 사료에 싫증이 난 것처럼 보이게 될 수 있습니다(130 페이지).

PART 2
고양이의 습성

고양이 밥 고민을 해결하기 위해서는 먼저 고양이에 대해 잘 아는 것이 중요합니다. 이 파트에서는 그 첫 번째로 고양이의 습성에 대해 소개합니다.

'육식동물'인 고양이가 가진 식성에서부터 타고난 사냥꾼인 고양이의 습성까지, 다양한 측면의 고양이를 자세히 이해해 봅시다.

고양이는 진화해 왔다

고양이는 '타고난 육식가'

고양이가 본래 무엇을 먹는 동물인지 알고 계시나요? 답은 의심할 여지 없이 고기입니다. 여기서 말하는 고기는 우리가 자주 먹는 가축의 근육으로 이루어진 부분만이 아닌, 내장 등 동물의 몸통 전체, 생선이나 곤충, 양서류 등을 말합니다.

사실 고양이는 인간과 공존하는 동물 중 유일한 육식동물입니다. 탄수화물이나 그 밖의 다른 식물성 식품이 생존에 필요하지 않은 '타고난 육식가'이지요.

지금 우리들 가까이에 있는 고양이는 집고양이(felis silvestris catus)라는 종류인데, 이 집고양이의 조상은 긴 세월을 거쳐 고기만을 먹는 생물로 진화해 왔습니다.

초식인가 육식인가

육식에는 큰 장점이 있습니다. 그것은 영양 흡수의 효율이 매우 높다는 것입니다.

초식동물의 경우, 자신의 육체와 먹이로 삼는 식물을 구성하는 성분이 크게 다릅니다. 아무리 먹어도 그대로는 이용할 수 없는 영양 성분이 있기 때문에 먼저 자신의 체내에서 에너지나 영양 성분을 사용하여 변환해야만 흡수가 가능합니다. 예를 들면, 당근에는 베타 카로틴이라는 성분이 풍부하게 들어 있지만, 동물은 베타 카로틴을 바로 비타민으로서 이용할 수 없습니다. 체내의 에너지를 소비해 분해 효소를 만들고, 이 효소의 작용으로 베타 카로틴을 비타민A로 분해해야 겨우 비타민으로서 체내에 작용할 수 있게 됩니다. 이렇듯 초식동물은 식물 성분을 포유류의 몸에 적절한 형태로 다시 만들 필요가 있습니다.

고양이는 어째서 타고난 육식가가 되었을까

반면 육식동물은 어떨까요? 고양이의 경우, 사냥감인 소형 포유류의 신체를 구성하는 성분이 고양이 자신의 것과 꽤 비슷하기 때문에, 그저 먹고 흡수하는 것만으로도 영양소의 상당 부분을 그대로 이용할 수 있습니다. 앞서 나온 비타민A를 예로 들자면, 고양이는 먹이의 간을 먹는 것만으로도 풍부한 비타민A를 보충하는 것이 가능합니다. 영양 흡수 효율이 초식동물과 비교할 수 없을 정도로 높지요.

먹이가 풍부한 환경이라면 많은 동물이 육식으로 진화할지도 모릅니다. 하지만 그리 되지 않는 것은 먹이의 쟁탈이 발생하기 때문입니다. 여기서 먹이를 쉽게 확보하는 것을 우선시한 동물이 초식동물과 잡식동물입니다. 영양 흡수 효율은 다소 나쁘지만 경쟁 상대가 적은 식물을 먹이로 선택해서 먹이 부족에 처하는 것을 피할 수 있었던 것입니다.

고양이가 영양 보충을 식물에 의지할 필요가 없었던 것은 소형 포유류나 조류만으로도 허기를 참고 견딜 수 있었기 때문입니다. 그중에서도 특히 전 세계에 많이 번식해 있는 쥐를 주식으로 선택함으로써 고양이의 신체는 그에 알맞은 형태로 진화했습니다. 고양이는 영양 흡수 효율도 생존 경쟁도 전부 쟁취한 승자인 것입니다.

야생의 고양이의 사냥감이나 사냥에 대해서는 Part 3에서 더욱 자세하게 설명하겠습니다.

새로운 것을 좋아하는 고양이

처음 잡은 쥐가 맛있다

고양이에게는 새로운 것을 좋아하는 성질이 있습니다. 전문 용어로는 네오필리아(Neophilia)라고 합니다. 이것은 육식동물에게 공통으로 존재하는 성질이기도 합니다. 같은 것을 연속해서 먹으면 맛있다는 감각이 극단적으로 줄어들고 말지요.

예를 들어, 고양이가 쥐를 두 마리 연속으로 먹을 경우, 두 번째 쥐의 미각적인 새로움이 극단적으로 약해져 맛있게 느껴지지 않게 됩니다. 인간으로 말하자면 맥주 첫 잔은 맛있지만 두 번째 잔은 그보다 못한 것과 비슷한 감각입니다.

그럼 어째서 고양이는 새로운 것을 좋아하게 된 것일까요?

이유 ①: 영양 균형

인간과 마찬가지로, 고양이도 같은 것만 계속해서 먹으면 영양소가 불균형하게 됩니다. 쥐를 포식하는 것만으로는 고양이의 몸에 필요한 영양소를 충분하게 충족시킬 수 없습니다. 고양이가 적절한 영양 균형을 유지하기 위해서는 다양한 먹이를 포식하는 것이 필요합니다. 즉, 야생의 고양이는 새로운 것을 좋아하는 성질 덕분에 특정 종류의 먹이에만 집착하지 않고 폭넓은 먹이를 먹음으로써 영양 균형을 유지할 수 있는 것입니다.

이유 ②: 가리지 않고 먹어야 살 수 있다

옆의 생태 피라미드는 먹이 사슬에서 각 단계의 생물이 얼마만큼 존재하는지를 그림으로 나타낸 것입니다. 단계가 높아질수록 그 생물의 숫자는 적고 단계가 낮아질수록 많이 존재하며, 고양이는 이 피라미드의 정점에 군림하고 있습니다. 그렇지만 고양이가 사냥감으로 삼는 쥐 등의 소형 포유류는 고양이보다는 수가 풍부할지언정 식물에 비교하면 명백하게 적은 숫자인 것을 알 수 있습니다.

고양이가 사냥감과 조우하는 장면을 상상해 봅시다. 만약 고양이가 새로운 것을 좋아하지 않았다면 '뭐지 이 생물은? 본 적 없는 건데. 으음, 먹지 말자'라며 귀중한 포식의 기회를 놓쳐버리고 말겠지요. 육식동물로서 살아 남기 위해서는 본 적 없는 사냥감이라고 해도 거리낌 없이 먹을 수 있는 네오필리아로서의 성격이 반드시 필요한 것입니다.

생태 피라미드

이유 ③: 독으로부터 몸을 지켜라

야생에서는 어쩔 수 없이 독을 가진 생물을 포식하게 되는 경우도 있겠지요. 대부분은 약한 독입니다만 알아채지 못하는 동안에 체내에 축적되어 버리기도 합니다. 고양이나 인간에게도 비교적 친숙한 예를 하나 들자면, 사료에도 함유량의 기준치가 정해져 있는 유기수은이 있습니다. 이것은 참치 등의 해산물에 많이 함유된 독성으로 소량 섭취하는 것은 문제가 없지만, 지속적으로 많은 양을 섭취하면 중독을 일으키기도 합니다. 그리고 체내에 축적되는 독소는 생체 피라미드의 정점에 가까울수록 섭취 시의 리스크가 높아집니다. 만약 고양이가 네오필리아가 아니었다면 독이 있더라도 익숙한 먹이만 계속 먹어서 결국 중독되었겠지요. 즉 고양이는 새로운 것을 좋아하는 특성 덕분에 독으로부터 몸을 지킬 수 있는 것입니다.

COLUMN 2

곡물 비율이 많은 건식 사료는?

건식 사료의 포장지에 원재료가 적힌 성분란을 봅시다. 이 부분을 통해 건식 사료의 안전성과 특징 등을 파악할 수 있습니다.

현재 일본의 사료 업체는 사료 안전법에 의해 사용한 모든 사용 원료를 표시할 의무가 있습니다. 그리고 [펫푸드의 표시에 관한 공정경쟁규약시행규칙—사용한 원료의 명칭은 배합비율이 큰 순서대로 적는다—]에 의해, 사용량이 많은 순서대로 기재하는 것도 법으로 정해져 있습니다. 한국에서도 사료관리법 시행규칙 별표 4에 동일한 내용을 규정하고 있지요.

그러나 원재료 기재란의 기재 방법은 일반인에게는 익숙하지 않고, 투명성이 낮은 것처럼 생각됩니다. 그에 대해 설명할 수 있는 전문가도 많지 않습니다. 심지어 원재료의 표시 방법을 오해해 불안을 느끼게 되는 경우도 있습니다.

예를 들면 옥수수나 보리 등이 처음에 표기되는 사료는 곡물의 양을 늘려서 비용을 낮춘 질 나쁜 사료라고 생각하는 분들이 있습니다. 그러나 이것은 크나큰 오해입니다. 생고기의 경우 함유된 수분량 때문에 중량이 늘어나 있을 뿐, 생고기든 가루 상태의 고기든 포함되어 있는 순수한 단백질량은 다르지 않습니다.

단백질 원료로 생고기를 사용하는 경우, 약 80%가 수분이므로 당연히 전체 사료 중 단백질 원료가 차지하는 비중이 높아집니다. 반면, 가루 상태의 고기는 수분이 거의 없기 때문에 단백질 원료의 배합량이 적어지고 곡물 원료가 차지하는 배합량이 많아지는 것입니다.

참고로 가루 상태의 건조한 고기를 사용하는 이유는 관리의 용이함 때문입니다. 건조시키는 것으로 균의 번식을 억제하고 살모넬라균 등의 식중독 위험을 낮출 수 있지요. 이렇듯 안전성도 보증되기 때문에 안심하고 고양이에게 주셔도 됩니다.

고양이는 장난치는 것이 좋아: 사냥 욕구

고양이는 어째서 장난치는 걸까?

고양이가 장난감을 꺼내어 와서 놀아달라고 조르거나, 흔들리는 커튼을 가지고 놀고 술 장식이 달린 옷에 매달려 장난 치는 바람에 옷이 너덜너덜 해지고…. 고양이와 살고 있는 사람이라면 한번쯤은 이런 경험이 있겠지요. 이렇듯 고양이는 장난치며 노는 것을 정말 좋아합니다.

사실은 이러한 놀이 욕구에도 명확한 이유가 있습니다. 장난치며 노는 행동은 고양이의 사냥, 그리고 식습관과 큰 관계가 있습니다.

고양이는 하루에 100회 사냥을 한다.

먼저, 야생의 고양이가 하루에 몇 번의 식사를 하는지 아시나요? 정답은 무려 10회 이상이랍니다.

이렇듯 본래 고양이는 조금씩 자주 먹는 동물입니다. 야생의 고양이는 식사 때마다 사냥을 해야 하지만, 그 성공률은 10번 중 한 번 정도입니다. 성공률이 10%밖에 안 되는 사냥으로 하루에 10회 식사를 해야 하니, 바꿔 말하자면 하루에 100회나 사냥을 한다는 계산이 됩니다. 이렇게나 많이 해야 하는 사냥을 고통으로 인식하지 않기 위해서 '사냥=즐거운 것'이라고 진화해 왔다고 추측할 수 있습니다.

이 사냥 욕구와 장난치며 놀고 싶은 욕구는 본능적인 것이기 때문에 고양이가 스스로 통제할 수 없습니다. 욕구가 충족되지 않으면 스트레스가 됩니다. 계속은 아니더라도 하루에 총 100회 정도는 고양이가 뛰게 해 주는 것이 좋습니다. 그리고 10번에 1번 정도는 사냥에 성공하게 함으로써 고양이의 자존심을 지켜줄 수 있겠지요. 반려 고양이가 같이 놀자고 조를 때에는 가능한 놀아 주도록 합시다.

고양이의 수면 시간은 16시간 이상

🐾 인생의 절반을 자는 고양이?

고양이의 하루 수면 시간은 무려 약 16시간입니다. 일본에서는 고양이를 '네코'라고 하는데요, 일본 에도 시대의 본초학[1] 유학자의 카이하라 에키켄(貝原益軒)이 쓴 ≪일본석명(日本釈名, 이름을 해석한 책)≫이라는 책에서 고양이를 부르는 옛말인 '네코마'에 대한 고찰이 소개되어 있습니다. 이 단어는 고양이의 먹이, 쥐라는 뜻인 ネズミ(네즈미)의 '네'에서 왔다고 하는 설과 '자다'라는 뜻의 일본어인 寝る(네루)와 '좋아하다'라는 뜻의 好む(코노무)를 줄인 말— 즉, 잠을 좋아하는 아이라는 설이 있습니다. 아예 '네코(寝子, 잠을 자는 아이)'에서 유래되었다는 설도 있습니다. 그 정도로 고양이는 잠을 많이 잡니다.

도대체 어째서 고양이는 이렇게 오랜 시간 잠을 자는 것일까요?

---

1 중국과 동남아시아에 발달한 식물을 중심으로 하는 약물학

야행에서 살아남기 위한 '에너지 절약 전략'

사실은 오랜 시간 자는 것도 고양이의 생존 전략 중 하나입니다. 앞에서 설명하였듯이 육식동물은 초식동물에 비교해 먹이와 만날 확률이 낮기 때문에 귀중한 사냥의 기회에 에너지를 집중적으로 써야겠지요. 즉, 사냥 이외의 때에는 되도록 움직이지 않고, 때로는 먹이를 문 채로 잠을 자는 등 활동 에너지를 절약할 필요가 있습니다.

예를 들어 개와 비교해 봅시다. 동물이 안정을 취하는 상태에서도 소비하는, 생존에 없어서는 안 되는 에너지를 10이라고 칩시다. 이것은 몸의 크기와는 관계 없습니다. 실내에서 생활하는 고양이가 하루 중에 활동(운동, 배설 등)에 사용하는 에너지는 4로, 합하면 하루에 14의 에너지가 필요합니다. 한편, 실내에서 생활하는 개는 하루 동안 활동에 이용하는 에너지가 8로, 하루에 총 18에너지가 필요합니다. 단순히 계산하면 고양이는 개보다 4만큼의 에너지를 덜 쓰며 살아가고 있는 것입니다. 즉, 20%나 에너지를 절약하고 있다는 말이 됩니다. 고양이가 잠만 자는 것은 잡식이나 초식이 아닌 육식을 선택한 고양이가 보다 효율 좋게 먹고 살아가기 위한 '에너지를 절약하는 전략'인 것입니다.

고양이의 오감 ①: 후각

고양이는 인간보다 냄새에 월등히 민감하다

고양이의 후각은 인간보다 훨씬 발달되어 있습니다. 단순히 몇 배라고 비교하기는 어렵지만, 우선 고양이는 냄새를 느끼는 후각상피의 면적이 사람보다 넓어, 그 안의 후각 세포의 수도 훨씬 많습니다. 인간이 0.4억 개 정도인데, 고양이는 약 2억 개 정도(참고로 개는 10억 개 정도) 있다고 알려져 있습니다. 이 뛰어난 후각으로 천적이나 먹이를 감지하고, 고양이들끼리의 커뮤니케이션에도 이용합니다.

고양이가 싫어하는 냄새는?

고양이를 포함한 많은 동물은 먹이가 상하지는 않았는지, 독은 없는지 등을 냄새로 판단합니다. 고양이가 싫어하는 냄새에 대해서는 연구에 의해 어느 정도 알려진 바가 있습니다.

① 감귤류의 향기

고양이는 귤이나 레몬의 냄새를 가장 꺼려합니다. 추운 겨울, 보일러를 튼 따끈한 방바닥에 같이 등을 지지던 고양이가 귤을 까는 순간 순식간에 도망가버리는 이유이지요.

② 부패, 산화된 기름의 냄새

고양이는 신선한 고기를 먹는 육식동물이므로 부패한 냄새를 특히 싫어합니다. 그중에서도 고양이가 민감하게 느끼는 것이 기름의 부패입니다. 부패할 때에 생기는 성분을 전문 용어로 저급지방산이라고 합니다. 예를 들면 식초의 주성분인 초산도 저급지방산의 종류입니다.

비슷하게 산화한 지방이 풍기는 냄새도 고양이의 식욕을 크게 감퇴시키는 요인입니다. 특히 생선의 지방에는 불포화지방산이라고 하는 성분이 많이 포함되어 있는데, 산화하기 쉬워서 금방 맛이 없어지게 됩니다. 그 때문에 고양이의 식사를 맛있게 유지하기 위해서는 기름의 산화와 부패에서 음식을 지키는 기술이 꼭 필요합니다.

이러한 향기는 음식을 맛있게 느끼는 감각에도 큰 영향을 미치지만 고양이가 좋아하는 향기나 맛의 연구는 모든 사료 업체가 무엇보다 중요하게 경쟁하는 가장 핵심적인 정보입니다. 웬만해서는 공개하지 않지요.

여기서 고양이를 행복하게 할 수 있는 정보 하나! 향기와 기억은 강하게 연결되어 있는데, 특정 향기가 과거의 기억을 불러일으키는 것을 '푸르스트 효과(Proust effect)'라고 합니다. 고양이의 특정한 날에 특별한 향기의 건식 사료를 주는 것으로, 고양이가 그 추억을 떠올리며 애틋하게 식사를 하도록 만들어 주세요.

고양이의 오감 ②: 촉각

접촉한 것의 형태나 질감, 온도를 느끼는 촉각은 고양이의 맛있는 식사에 큰 영향을 미칩니다. 포인트는 ① 먹기 용이함, ② 입맛, ③ 온도, 이 3가지입니다. 순서대로 설명하도록 하겠습니다.

포인트 ①:
먹기 용이함 – 우아하게 먹는 것을 방해하지 않기

고양이의 먹이를 먹는 방식과 물을 마시는 방법은 아주 특징적입니다. 고양이가 물을 마시는 모습은 '우아하다'고 표현하기도 할 정도로, 다른 동물과 비교했을 때 입 주변을 잘 더럽히지 않는 편입니다. 고양이는 깨끗한 것을 좋아하기 때문에 몸을 더럽히며 먹고 마셔야 하는 상황에서는 식욕이 감퇴하게 됩니다. 고양이가 불편 없이 식사를 할 수 있도록 먼저 고양이만의 먹이를 먹는 법, 물을 마시는 법에 대해 알아둡시다.

【먹는 법】

❶ 입술로 잡는다: 고양이가 가장 자주 사용하는 방법입니다. 젤리나 고형의 습식 사료도 이러한 방법으로 먹는 경우가 많습니다.

❷ 혀 위로 잡는다: 혀로 먹이를 잡아 당깁니다.

❸ 혀 아래로 잡는다: 혀의 뒤쪽으로 집어 입안으로 잡아 당깁니다. 히말라얀이나 페르시안 등의 단두종 고양이가 공통으로 보이는 식사법입니다.

❹ 셔블법: 송곳니(앞니)로 잡아 입 안으로 넣습니다. 샴 같은 장두종이 좋아하는 식사법입니다.

고양이가 먹는 법

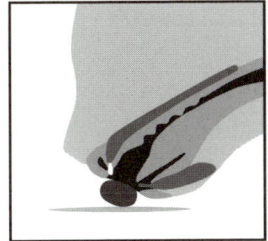
❶ 입술로 잡는다.

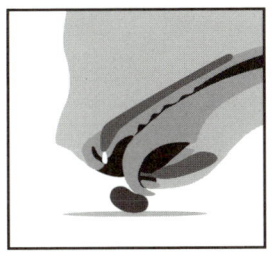
❷ 혀 위로 잡는다.

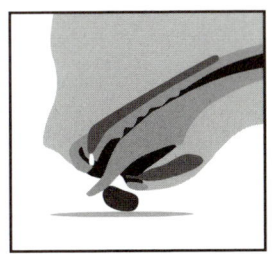
❸ 혀 밑으로 잡는다.

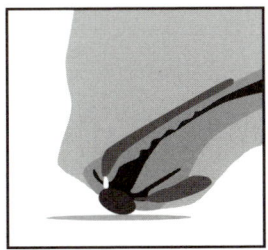
❹ 셔블법

— Encyclopedia of Feline Clinical Nutrition, Royal Canin(2010) 재구성

【마시는 법】
❶ 혀를 알파벳 J 모양으로 말아서 혀의 앞부분을 물의 표면에 붙입니다.
❷ 빠르게 혀를 잡아당겨 물기둥을 만듭니다.
❸ 물기둥을 덥석 입에 담아 마십니다.

고양이가 마시는 법

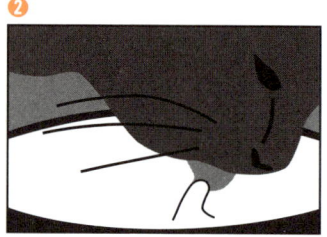

― YouTube : Massachusetts Institute of Technology "Cutta Cutta(12x slower)" 재구성

 포인트 ②:
   입맛 – 건식 사료? 습식 사료? 분명히 하자

【이빨과의 접촉】
고양이는 이빨로 자르기 쉬운 촉감을 좋아합니다. 고양이의 어금니는 사람처럼 음식을 갈아 으깨기 위한 형태가 아니라, 고기를 물어 뜯기 쉽게

가위와 같은 형태로 되어 있습니다. 가위로 테이프 등과 같은 접착 물질을 자르면 가위의 날이 찐득찐득하게 되어 사용하기 어려워지지요? 고양이의 이빨도 이와 비슷하게 점성이 있는 식감은 싫어합니다. 이러한 이유 때문에 습기로 끈적거리는 건식 사료는 싫어하는 것이지요.

고양이가 이빨로 자르기 쉽고 바삭바삭한 건식 사료의 식감을 매우 좋아하는 것에는 또 하나의 이유가 있다는 것이 제 생각입니다. 단서는 먹이가 되는 소동물입니다. 즉, 쥐와 같은 소동물을 먹을 때 뼈를 뽀드득 뽀드득 씹어 부시는 촉감이 건식 사료와 닮았기 때문이지요. 어느 쪽이든 고양이가 식감을 즐기는 동물인 것에는 틀림이 없습니다.

【혀와의 접촉】

사실은 고양이는 수분이 10% 이하, 또는 75~80%의 먹이만을 좋아합니다. 어중간한 것은 좋아하지 않지요. 단, 똑같이 수분 10% 이하라 하더라도 가루처럼 혀에 붙는 것들은 싫어합니다. 이것은 고양이는 타액이 적어 먹이를 삼킬 때에 충분히 촉촉하게 만들기가 어렵기 때문인 것으로 추정됩니다. 고양이가 씹어 부서뜨린 사료의 부스러기에 그다지 관심이 없는 것은 이러한 이유겠지요. 가루 형태의 음식은 어중간하게 수분을 빨아들이고 고양이가 싫어하는 형태의 혀와 붙는 감각을 가진 것으로 보입니다.

그리고 혀와 닿을 때 좋아하는 감각은 새끼 때의 경험이나 환경에 영향을 받습니다. 고양이는 기본적으로 습식을 좋아하지만, 태어났을 때부터 사람과 살아오며 계속 건식 사료만 먹어 온 고양이는 습식을 거부하는 경우도 있습니다.

【수염과의 접촉】

최근의 연구에서는 고양이가 식사를 거부하는 원인에 '수염의 피로'가 있다는 것이 밝혀졌습니다. 고양이의 수염은 신경이 통하는 '감각모'로써, 말하자면 입 주변의 안테나와 같습니다. 먹이가 수염에 닿는 것이 스트레스가 되어 식욕을 저하시키게 됩니다. 때문에 식사 중에는 그릇이나 먹이에 닿지 않도록 수염을 당기게 되는데, 장시간 이렇게 수염을 잡아당기다 보면 근육이 피로해져 식사를 그만두게 되는 것입니다. 이 '수염의 피로'를 피하기 위해서는 수염이 닿지 않도록 입구가 넓고 깊지 않은 그릇에 밥을 주는 것이 좋겠지요.

포인트 ③: 온도 – 실제로는 따뜻한 것을 좋아한다

'고양이 혀(일본에서 뜨거운 것을 잘 먹지 못하는 사람을 이르는 말)'가 주는 이미지 때문에 오해하기 쉽지만, 사실 고양이는 따뜻한 음식을 좋아합니다. 가장 좋아하는 식사의 온도는 38.5℃입니다. 이것은 먹이인 소동물의 체온과 거의 같은 온도로, 야생의 고양이는 먹이의 체온이 낮아지기 전에 먹기 때문입니다. 물론 너무 뜨거운 식사는 먹지 않지만, 겨울철 차가워져 버린 습식 사료나 너무 차가운 건식 사료 또한 싫어하므로 주의합시다.

COLUMN 3

고양이에게 그레인프리(Grain free, 곡물을 포함하지 않는 사료)가 정말 필요할까?

앞의 칼럼에서 곡물에 대해 설명했으니, 이번에는 그레인프리 사료에 대해 설명하고자 합니다.

최근에는 전문점이 아니어도 그레인프리 건식 사료를 구하기 어렵지 않습니다. 그레인프리라는 것은 보리나 쌀, 옥수수와 같은 볏과의 곡물이 원료에 포함되어 있지 않은 사료를 칭하는 것입니다. 일각에서는 반려 고양이가 가진 곡물 알레르기를 피할 수 있다는 기대로 구입을 고려하는 집사들이 있는 것 같습니다. 그러나 무엇보다도 타고난 육식동물에게 불필요한 식물성의 곡물을 포함하지 않으므로 고양이에게 최적의 식사라고 믿어 구입하게 되는 것이 아닌가 싶습니다.

그러나 여기에는 커다란 오해가 있습니다. 실은 그레인프리라는 이름을 단 건식 사료에는 다량의 식물성 원료가 쓰이고 있습니다. 그레인프리 푸드의 원재료란을 살펴보면 콩이나 감자 유래의 전분이 포함되어 있는 것을 알 수 있지요. 건식 사료의 식감을 좋게 만들기 위해서는 40% 정도의 탄수화물이 필요하기 때문입니다. 즉, 그레인프리의 건식 사료에도 그 정도 양의 식물성 탄수화물이 포함되어 있다는 것입니다.

옛날부터 사냥 문화를 근간으로 삼아 온 서양에서는 고양이는 물론 개도 육식동물이라고 믿는 사람들이 많아, 고기는 자연스러운 먹이고 식물은 야생에서 먹지 않는 부자연스러운 먹이라고 생각되어지기도 했습니다. 그레인프리 음식은 이러한 국가들의 사료 브랜드에서 만든 판매 전략의 하나라고 말할 수 있습니다. 말하자면 고양이의 건강 면에서는 굳이 그레인프리를 선택하지 않아도 문제가 없는 것입니다. 어떤 건식 사료를 고를까 고민이 될 때는 반드시 반려 고양이의 기호도를 우선적으로 선택해 주세요.

고양이의 오감 ③ : 청각

🐾 쥐의 소리를 잘 듣는다

고양이가 귀를 움직이기 위해 사용하는 근육은 무려 20개 이상입니다. 동물 중에서도 유달리 그 수가 많다고 알려져 있습니다. 이를 통해 고양이에게 청각이 얼마나 중요한지 알 수 있지요.

이는 고양이의 사냥꾼으로서의 성질이 관계되어 있습니다. 먹이가 내는 소리를 민감하게 잡아내어 그 위치를 정확하게 파악하기 위해서 발달된 청각이 필요했던 것이지요. 특히 긁는 소리나 삐걱거리는 소리에 강한 흥미를 나타냅니다. 고양이가 들을 수 있는 음역은 25~10만Hz 정도로 특히 5만Hz 전후의 음에 민감하다고 알려져 있는데, 이것은 쥐와 같은 설치류가 내는 음역(2만~9만Hz)의 딱 중간이지요. 먹이의 울음소리가 가장 잘 들리는 귀라는 것입니다.

소리로 더 맛있게 만든다?

사람들에게 재미를 주고 생각하게 만드는 업적에 부여하는 '이그노벨상(Ig Noble Prize)'이라고 하는 상이 있습니다. 2008년에 이그노벨상 영양학상을 수상한 연구가 '사람은 감자칩을 먹을 때, 자신의 씹는 소리를 헤드폰으로 증폭시켜 들려주면 먹고 있는 감자칩이 실제보다 더 바삭바삭하고 맛있다고 느낀다'라는 것이었습니다.

이전에 설명했듯이 고양이는 건식 사료를 씹어 부수는 '감촉'을 좋아합니다만, 어쩌면 사람처럼 바삭바삭한 소리가 고양이의 맛있다는 느낌에 영향을 줄 가능성이 있습니다.

고양이의 오감 ④ : 시각

🥕 야행성임에도 불구하고 발달한 시각

고양이는 본래 야행성이었기 때문에 미약한 빛을 증폭시켜 보는 것이 가능합니다. 동공이 열리는 면적의 비율은 인간의 약 3배입니다. 동공의 변화하는 모양이 달의 이지러짐을 연상시켜 고대 이집트에서는 달의 상징으로 여겨져 왔습니다. 일본에서도 옛날에는 고양이의 동공을 시간을 가늠하는 수단으로서 활용했다고 합니다.

🥕 사료에 색을 입히는 것은 누구를 위한 것인가?

사실 고양이의 색 인지 감각은 인간만큼 다양하게 인식하지 못합니다. 예를 들면 빨간색은 인식하지 못한다고 알려져 있지요. 고양이의 건식 사료에 착색료가 필요하지 않은 이유입니다.

특히 합성착색료 등은 고양이가 느끼는 맛과 관계가 없으며 하물며 영양학적 가치도 전혀 없습니다. 그러나 착색되어 있는 건조 사료가 맛있어 보인다고 생각하여 적극적으로 구입하는 집사가 많은 것이 사실입니다. 이러한 이유 때문에 사료에서 착색료는 사라지지 않고 있습니다. 즉 착색료는 겉모양에 현혹되는 인간 집사를 만족시키기 위해 사용되고 있는 것입니다.

과거 다양한 맛이 믹스되어 있는 건식 사료가 인기를 떨치던 때가 있었습니다. 사료 알갱이의 색깔별로 다른 맛이 나서, 한 알을 먹을 때마다 네오필리아(새로운 것을 좋아하는 성질)의 특성이 충족되어 고양이의 만족도를 높이는 것이 가능합니다. 그러나 비용의 절감 등을 위해 맛은 같지만 색깔만이 다른 건식 사료를 '믹스'로 판매하는 경우도 있습니다. '믹스'된 사료를 선택할 때는 이러한 점을 주의해서 봅시다.

PART 3
고양이의 미각

이 파트에서는 고양이가 단맛과 신맛 등에 대해 어떻게 느끼는지를 소개합니다.
이외에도 야생에서 고양이의 식사나 고양이의 식경험이 어떻게 발달되는지에 대해 깊이 이해해 봅시다.

고양이의 미각 ①: 단맛

⚡ 본래 미각은 무엇을 위해 존재하는가?

생물에게 미각이란, 본래 먹을 것과 마실 것을 판단해 독극물을 피하기 위해 존재합니다. 때문에 그 생물의 몸에 필요한 성분일수록 맛있게 느끼도록 만들어져 있습니다. 땀을 많이 흘렸을 때 짭조름한 음식을 더 맛있게 느끼는 것은 땀으로 손실된 미네랄을 보다 강하게 느끼게 되기 때문입니다. 그리고 임신은 칼로리를 필요로 하기 때문에 단맛을 강하게 느끼게 되는 거지요.

미각은 크게 단맛, 신맛, 짠맛, 쓴맛, 지방의 맛(감칠맛)의 5가지로 나뉩니다(매운맛과 떫은맛은 맛을 느끼는 세포가 아니라 통각을 자극하는 것으로 감지되기 때문에 미각이 아닌 촉각에 포함됩니다). 이것을 오미(五味)라고 합니다. 그렇다면 고양이의 미각은 어떻게 되어있는지 인간의 오미에 따라 순서대로 살펴봅시다.

단맛을 좋아하는 고양이는 없다?

인간이 느끼는 대표적인 단맛이라고 하면 설탕을 들 수 있습니다. 그러나 고양이는 설탕을 비롯한 식물 유래의 당분을 '달다'고 느끼지 않습니다. 팬케이크 위를 수놓은 메이플 시럽이나 꿀 또한 고양이에게는 달게 느껴지지 않습니다. 그 이유는 무엇일까요?

단맛은 에너지가 되는 성분을 감지하기 위한 미각입니다. 우리 인간을 포함해 잡식이나 초식동물은 식물 유래의 당을 에너지로 삼으므로 당의 단맛을 느끼게 되어 있습니다.

당은 기본적으로 쌀이나 보리, 줄기류(고구마, 감자 등) 등의 식물성 음식에 포함된 영양소입니다만, 이러한 식물성 음식에는 육식동물이 필요로 하는 단백질이나 아미노산이 포함되어 있지 않습니다. 만약 당에 의한 단맛을 고양이가 좋아하여 쌀이나 감자 등만 먹으려고 한다면 단백질 부족으로 생존할 수 없게 되겠지요. 고양이는 당의 단맛을 느끼는 기능을 상실함으로써 육식동물로서 필요한 식사를 선택할 수 있고 영양 균형을 유지할 수 있게 된 것입니다. 하지만 고기나 생선을 구성하는 단백질에 포함된 아미노산에서 당을 합성해 에너지로 만들기 때문에, 아미노산의 단맛은 느낄 수 있는 거지요.

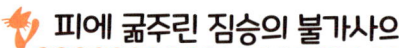
피에 굶주린 짐승의 불가사의

여담이지만 오랜 시간 의문인 것이 있습니다. 고양이의 혈액에 포함된 포도당은 분명 몸에 없어서는 안 되는 성분인데도, 고양이과의 육식동물은 물론이고 부엉이 등의 맹금류에게 당의 단맛을 느끼지 못한다는 공통점이 있다는 것입니다.

이 의문을 해결하는 힌트가 '혈분'에 있었습니다. 혈분이라는 것은 닭과 같은 가축의 혈액을 건조·분말화해 만든 사료의 원료인데, 고기를 건조·분말화한 육분과 비교하면 소화가 잘 되지 않고 영양가도 떨어집니다. 그러니 육식동물에게는 당이 포함된 혈액은 몸을 구성하는 영양원으로서 그다지 중요한 것이 아닌 것일지도 모릅니다. 중요한 것은 피보다도 고기니까요.

공포영화나 만화에서 '피에 굶주린 짐승'이라는 표현을 자주 사용합니다만, 고양이의 경우에는 피에 굶주려 있는 것은 아닌 것 같네요.

고양이의 미각 ②: 신맛

🐾 고양이는 신맛에 매우 민감하다

고양이는 신맛에 대한 민감도가 매우 높다고 알려져 있습니다. 다른 말로 하자면 고양이에게 신맛이 중요한 미각이라는 것을 나타냅니다.

그 이유로는 이제까지 '부패한 맛(신맛)을 감지해서 피하기 위해'라는 것이 가장 일반적이었습니다. 실제로 그렇게 적힌 관련 도서가 많이 있지요. 이것은 J. E. 슈타이너라는 미각 연구자가 사람 신생아의 미각 식별 능력을 연구한 내용에 근거한 것입니다만, 저는 고양이의 미각은 조금 다를 수 있다고 생각합니다.

조금 어려울 수 있는 이야기이지만, 부패한 것의 신맛이라는 것은 미생물이 유기물을 분해해서 만드는 '유기산'에 의한 것입니다. 이 유기산(초산, 락산 등)의 대부분이 당이나 섬유에서 만들어지지만, 모두 식물 유래의 성분입니다. 고양이가 먹는 고기나 생선의 주성분인 단백질과 지방에서는 부패에 의한 유기산은 거의 만들어지지 않습니다.

그리고 앞서 설명했듯이 고양이는 후각이 발달했기 때문에 애초에 굳이 먹지 않아도 냄새만으로 부패를 감지하는 것이 가능합니다. 즉, 고양이가 신맛에 민감한 것은 썩은 음식을 피하기 위한 것이 아니라 다른 이유가 있다는 것을 생각할 수 있습니다.

수수께끼를 풀기 위한 또 하나의 열쇠는 '고양이는 신맛을 가장 좋아한다'라는 것입니다. 특히 산성, 알칼리성의 정도를 표시한 페하(pH)[2]로 말하자면 4~5정도의 산을 좋아한다고 합니다. 두 종류의 산을 별도의 예로 들어 고양이가 산을 좋아하는 이유에 대해 고찰해 보겠습니다.

🥕 산미 ①: 인산

인산은 근육에 많이 포함된 성분입니다. 고양이는 쥐나 개구리 등 먹이의 근육의 존재를 감지하기 위해 신맛에 예민하게 반응하도록 진화해 왔다고 생각할 수 있습니다. 실제 고양이가 인산의 맛을 좋아하기 때문에 많은 사료에는 피로인산이라는 인산의 화합물이 배합되어 있습니다.

---

2 pH7이 중성, 그보다 낮으면 산성, 높으면 알칼리성이 된다.

산미 ②: 젖산

젖산은 격한 운동을 하면 근육에 쌓이는 성분입니다. 가축을 도축할 때에 가축이 날뛰어 젖산이 쌓인 고기는 산성화하여 숙성이 진행되지 않기 때문에, 이러한 고기는 인간에게는 그리 맛있게 느껴지지 않게 됩니다.

반면, 젖산은 산미를 좋아하는 고양이에게 맛있는 밥의 비결일 수 있습니다. 말할 것도 없이 필사적으로 도망다니는 사냥감일수록 젖산이 쌓여 산성화되어 있을 것이기 때문입니다. 실제로 고양이는 붙잡은 먹이를 바로 먹지 않고 살아 있는 상태에서 조금 가지고 놀다가 먹기도 하는데, 이것은 먹이의 체내에 젖산을 쌓아 맛있게 만들고 있는 것일지도 모릅니다.

시큼한 냄새는 싫어한다

고양이가 시큼한 맛을 좋아한다는 사실에 이의가 있는 분들이 있을지도 모릅니다. 실제로 후각의 파트에서 설명하였듯이 고양이는 귤이나 레몬 등의 감귤류의 향기를 가장 힘들어하니까요. 이러한 점이 고양이가 신맛을 싫어한다는 오해를 불러 일으킨 것인지도 모르겠습니다.

고양이의 미각 ③ : 짠맛

🐟 고양이는 짠맛에는 둔감하다!

인간을 비롯한 생물의 미각에 짠맛이 존재하는 것은 먹이의 미네랄 성분, 특히 염화나트륨(말하자면 소금)의 존재를 감지하기 위해서입니다. 염화나트륨은 고혈압의 원인 등으로 꼽혀 나쁘게 생각하기 쉽지만, 혈액 등의 체액을 조절하는 데 중요하며 생존에 꼭 필요한 영양소입니다.

그렇지만 고양이는 다른 동물과 비교해 짠맛에 대해서는 상당히 둔감합니다. 싱겁거나 매우 짠맛에도 반응이 거의 없고 0.3~1.4%정도의 범위 밖에서는 정확한 염분 농도를 감지할 수 없다고 알려져 있습니다(참고로 바닷물의 염분 농도가 대략 3.4%입니다). 염분의 농도가 그 이상이라 해도 딱 1.4% 정도로만 짠맛을 느끼는 거지요.

인간의 경우, 예를 들어 고기는 1% 정도의 짠맛에서 가장 맛있게 느낀다고 알려져 있고, 너무 짠 것은 많이 먹을 수 없지요. 그러나 고양이는 설사 매우 짠 음식이어도 '짜다'고 느끼지 못하고 계속해서 먹어 버릴 수 있기 때문에 염분을 과하게 섭취하게 될 위험이 있습니다.

그러니 사람의 음식을 먹이로 주는 경우에는 염분 농도에 주의할 필요가 있습니다.

고양이는 먹이에서 자연스럽게 염분을 얻어 왔다

고양이가 짠맛에 둔감한 것은 육식동물이기 때문입니다. 쥐 등 먹이가 되는 동물의 체내에는 이미 나트륨이 풍부하게 포함되어 있어, 야생의 고양이는 그것들을 먹는 것만으로도 충분한 양의 염분을 보충할 수 있습니다. 적극적으로 염분을 섭취할 필요가 없기 때문에 진화의 과정에서 점점 짠맛을 느끼는 기능이 약해졌다고 생각할 수 있습니다.

반면, 식물에는 나트륨이 그다지 포함되어 있지 않기 때문에 초식동물이나 잡식동물은 짠맛을 느끼는 기능을 높여 땅의 흙 등에서 적극적으로 나트륨을 섭취해 왔지요.

이렇듯 고양이도 짠맛을 느끼기는 하지만 우리들 인간이 맛있다고 생각하는 정도의 짠맛은 고양이에게 필요하지 않습니다. 사람이 사료를 맛 보았을 때 '싱겁다'고 느끼는 이유입니다(그러나 직접 맛을 보는 것은 적당히…).

고양이의 미각 ④ : 쓴맛/지방의 맛

🐾 고양이는 쓴맛에도 매우 민감하다

쓴맛은 독을 감지하기 위해 갖춰진 미각입니다. 고양이는 생후 10일만 지나도 쓴맛을 인식한다고 알려져 있습니다. 고양이가 느끼는 쓴맛에 대한 연구는 많지 않습니다만 고양이가 쓴맛에 매우 민감하다는 것은 명확하게 밝혀져 있습니다.

옛날부터 말라리아의 치료에 쓰여 온, 쓴맛이 나는 퀴닌(Quinine)이라는 성분이 있습니다. 동물에게 이 퀴닌을 얼마나 주면 거부반응을 나타내는지 등의 실험을 진행한 결과, 개가 거부 반응을 나타내는 퀴닌의 농도를 1이라고 했을 때 토끼와 햄스터는 6.7이었던 것에 반해 고양이는 단지 0.017만으로 거부반응을 나타냈다고 합니다.

이렇듯 크기가 비슷한 포유류들 중에서도 고양이는 극단적으로 쓴맛에 민감합니다. 어째서 고양이는 이렇게까지 쓴맛을 힘들어하는 것인지, 그 원인은 분명히 밝혀지지 않았지만 초식이나 잡식동물은 생존을 위해 식물에 포함된 쓴맛의 성분에 적응할 필요가 있었을 것으로 예상됩니다.

예를 들면, 식물도 먹히지 않기 위해 쓴맛을 늘리는 진화를 한 결과, 초식동물들도 다소 쓴 식물도 먹을 수 있게 쓴맛에 둔감해졌을 가능성을 생각할 수 있습니다. 즉, 육식동물인 고양이가 쓴맛에 민감해졌다기보다는 오히려 초식, 잡식동물들이 둔감해진 것일 가능성이 있습니다. 어느 쪽이든 집고양이가 식탁 위의 생선구이에 안달낸다고 해서 검게 그을려 쓴 맛이 나는 생선 꼬리를 떼어 주는 것은 참는 것이 좋겠지요.

🐟 지방에도 맛이 있다?

2019년 큐슈대학의 오감 응용 디바이스 연구개발센터의 연구 그룹이 인간에게 지방산의 맛을 전달하는 신경이 다른 오감과 독립해 존재한다는 것을 발견하면서 지방에도 미각이 작동한다는 것이 분명해졌습니다.

입안에서 분해된 지방산이 미뢰라는 미각을 감지하는 세포 중의 지방산 세포에 작용하여 음식에 지방이 존재하는 것을 뇌에 전달합니다.

그 밖에 지방산은 감미세포와 감칠맛을 느끼는 세포에 작용하여 단맛이나 감칠맛도 느낀다고 합니다. 이제까지 A5랭크[3]의 소고기와 같이 혀에서 녹는 듯한 고기의 지방을 달다고 느끼는 건 유리아미노산이라 불리는 성분의 작용이라고 알려져 있었는데, 실은 지방의 단맛이 영향을 주었을 수 있겠네요.

아쉽지만 이에 대한 연구는 아직 새로운 분야로서 고양이에게도 지방의

---

[3] 일본 소고기 15등급 중 최상등급(역주)

맛을 감지하는 미각이 있는지는 분명치 않습니다. 그러나 육식동물인 고양이에게 지방은 최고로 중요한 에너지원입니다. 다른 포유류와 비교해도 지방의 맛을 강하게 느낄 가능성이 높겠지요. 앞으로의 연구에 기대를 거는 바입니다.

COLUMN 4

다묘가정의 식사 포인트

× ×

'고양이는 본래 고독한 사냥꾼이기 때문에 좁은 실내에 여러 마리가 같이 생활하는 것은 고양이에게 스트레스밖에 되지 않는다'라는 생각은 낡은 생각입니다! 최근 발표된 연구 보고에 의하면 2주 정도의 비교적 짧은 시간에 걸쳐 서로 공간을 공유할 수 있게 되고, 함께 놀고 식사를 공유하는 것도 가능해진다고 합니다. 비록 이 단계에서는 동거 고양이를 같은 편이라고는 여기지 않는 듯 합니다만, 장기적으로 공동 생활을 해 나가다 보면 점점 동료 의식이 생기는 것을 볼 수 있습니다.

다묘가정을 위한 식사 포인트를 알려 드리겠습니다. 2마리 이상의 고양이가 함께 생활한다면 어느 고양이는 뚱뚱해지기 마련입니다. 이것은 한 고양이가 다른 고양이의 밥까지 모조리 먹어 버리기 때문인데, 이런 상황을 그대로 방치했다간 한쪽만 치료식을 줘야 하는 경우에 문제가 될 수 있습니다.

이것을 피하기 위한 포인트는 ① 식욕 왕성한 고양이에게 먼저 사료를 준다. ② 각각의 고양이에게 문을 닫아 분리할 수 있는 장소에서 사료를 준다. 이 두 가지입니다. 식욕이 왕성한 고양이에게 먼저 밥을 주어서 다른 고양이의 밥으로 관심이 향하지 않도록 하고, 서로 식사가 끝날 때까지 문을 닫아 두어서 밥을 빼앗아 먹는 것을 피할 수 있습니다.

그렇지만 조금씩 자주 먹는 고양이가 있는 경우에는 이 작전은 어렵습니다. 그런 경우에는 캔으로 포만감을 늘리는 것을 추천합니다. 캔 등의 습식 사료는 수분을 80% 정도 포함하므로 건식 사료와 비교해 칼로리 밀도는 약 7분의 1 정도로 크게 차이납니다. 즉, 같은 80g이라도 건식 사료는 약 290kcal, 캔은 약 40kcal인 것입니다. 어차피 많이 먹는다면 캔 쪽이 그나마 낫겠지요. 비용은 다소 많이 들겠지만 식욕 왕성한 고양이는 주식 캔으로만 식사하게 하는 것도 좋을지 모릅니다.

고양이의 미각 ⑤ : 감칠맛

🔥 생물의 종류에 따라 느끼는 감칠맛의 종류가 다르다

감칠맛은 음식 안의 아미노산과 단백질을 감지하기 위해 존재하는 미각입니다. 감칠맛은 크게 나누어 아미노산의 한 종류인 글루타민산, 그리고 이노신산, 구아닐산 등의 핵산계가 있습니다. 글루타민산이 많이 포함된 식품으로는 다시마, 치즈, 간장, 토마토, 배추 등이 있습니다. 핵산계 중 이노신산은 육류나 어류 등에 많이 있고, 구아닐산은 말린 버섯 등에 많이 함유되어 있습니다.

최근의 연구로 인해 생물의 종류에 따라 감지하는 감칠맛의 성분이 크게 다르다는 것이 알려지게 되었습니다. 예를 들면 초식이나 잡식동물의 경우, 인간은 글루타민산을 강하게 느끼지만 쥐는 글루타민산보다는 다른 아미노산에 강하게 반응하고, 어류는 글루타민산에 전혀 반응하지 않는다고 합니다.

고양이는 어떤 감칠맛에 반응할까?

고양이가 느끼는 감칠맛에 대한 직접적인 연구는 아직 없습니다. 같은 육식동물인 포유류 중에서도 바다사자나 돌고래는 감칠맛을 느끼는 유전자가 결손되어 있습니다. 생선 등의 먹이를 통째로 삼키기 때문에 혀로 감칠맛을 느낄 필요가 없어진 것이겠지요. 고양이도 작은 먹이는 머리부터 통째로 삼키지만 토끼보다 큰 먹이는 어금니로 찢어서 먹게 됩니다. 그렇다면 육류나 생선에 포함된 이노신산 등의 핵산계의 감칠맛 물질을 잘 감지하게 되었을 가능성이 충분하다고 생각됩니다. 그러나 핵산계 물질은 부패에 의해 생성되기도 하므로 고양이가 싫어한다는 보고도 있습니다. 이러한 것들을 봤을 때 핵산계 물질이 반드시 감칠맛이 된다고는 말할 수 없는 것 같습니다.

1908년에 일본의 한 연구원이 다시마의 감칠맛 성분을 발견했고, 그것을 미각의 하나로서 인정받은 것은 최근(2002년)의 일입니다. 감칠맛 자체가 비교적 새로운 연구 대상이기 때문에 고양이가 느끼는 감칠맛에 대해서도 아직 알지 못하는 것이 많고, 앞으로 연구가 진행될 것을 기대하고 있습니다.

야생 고양이의 식사

🐾 토끼, 새, 도마뱀, 생선, 곤충, 가재…
무엇이든 먹는 야생고양이

일반적인 환경에서 생활하는 야생고양이가 먹는 것들 중 약 7할은 포유동물, 2할이 조류입니다. 이것은 고양이의 행동을 관찰하고 분변의 내용물을 조사한 결과로부터 유추한 것입니다. 분변 조사는 냄새는 조금 나지만 간단하고 야생동물의 식성 조사에 가장 자주 이용되는 방법입니다. 야생 고양이의 분변 속에는 도마뱀, 개구리, 생선, 곤충, 거미, 가재, 연체동물도 발견되는 등 꽤 다양하게 먹는다는 것을 알 수 있습니다. 단지 이것들은 쥐와 같은 포유동물이나 조류와 비교하여 출현 빈도가 낮기 때문에 주식은 아니고 간식과 같은 개념일 수 있지요. 그리고 고양이가 가장 포식하기 좋아하는 포유동물은 당연히 쥐일 것 같지만, 의외로 토끼를 가장 좋아합니다. 쥐 등의 설치류와 토끼가 모두 서식하는 지역에서도 고양이는 토끼를 사냥하기 좋아한다고 하지요.

그 이유에 대해서는 현재까지도 확실하게 알려져 있지는 않습니다. 토끼가 쥐보다 몸집이 커서 한 번 사냥에 성공하면 보다 많은 영양을 보충하는 것이 가능하기 때문일 수도 있고, 지역에 따라서는 토끼와 만날 확률이 설치류보다 높아서일 수도 있겠지요. 그렇지만 이러한 지역에서도 토끼와 만나기 힘든 겨울에는 들쥐가 주요한 먹이가 되는 등 설치류가 야생 고양이의 중요한 먹이가 되는 점에는 변함이 없습니다.

육지와 섬의 고양이는 먹는 것이 다르다

앞에 설명한 것은 주로 육지에 생식하는 고양이의 식성이었는데, 생식하는 지역에 의해 고양이의 식성은 크게 달라집니다. 조사에 의하면 대양도(대륙과 연결된 적이 없는 섬. 미국의 하와이나 일본의 오가사와라 제도 등)의 야생고양이는 섬새, 펭귄, 제비 갈매기 등의 바다새를 주로 먹습니다. 대양도에는 원래 포유류가 적었기 때문에 물새 중심의 식생활이 된 것이겠지요. 참고로 대륙에 사는 고양이도 조류는 포식하며, 자주 포식하는 것은 찌르레기, 비둘기, 참새, 꿩 등 주로 지상에서 먹이를 쪼아 먹는 종입니다.

그런데, 산고양이의 분변을 살펴보면 가끔 생선을 먹은 흔적이 보이기도 합니다. 과연 그들은 강을 헤엄치는 생선을 포식한 것일까요, 아니면 어쩌다 해안 근처로 내려왔다가 뛰어 오른 생선을 먹은 것일까요? 고양이가 생선을 먹는 것에 대해서는 다음 페이지에서 자세하게 설명하겠습니다.

고양이와 생선에 관한 논쟁

 고양이는 생선을 좋아한다는 이미지는 일본뿐이다?

고양이의 생선 사랑은 일본 각지에 남은 고양이 전설에서도 엿볼 수 있습니다. 가난하게 생활하면서도 매일 생선을 주며 아끼던 고양이가 그 은혜를 갚았다는 전설은 일본 각지에 남아 있지요. 절을 번창하게 만들거나 생이별한 부자를 재회하게 해주는 등 이 전설의 종류는 다양합니다. 한편으로는 생선을 훔치는 도둑 고양이도 있는 등 일본에서는 고양이가 생선을 좋아한다는 이미지가 옛날부터 이어져 왔습니다. 그 때문에 일본산 사료에는 닭고기와 소고기 등의 육류보다도 참치나 가다랑어, 도미 등의 생선 맛 상품이 눈에 띕니다. 그러나 외국의 사료는 육류의 맛이 주류인 것을 보아 고양이가 생선을 좋아한다는 이미지가 일본만큼 크게 박혀 있는 것 같지 않습니다.

사실 고양이가 생선을 좋아한다는 이미지는 일본의 어류 중심 식문화에 영향을 받은 것으로 볼 수 있습니다. 일본의 고양이가 폭발적으로 늘어난 에도 시대까지 사람들은 불교의 오계 중 하나인 '불살생계(살생 금지)' 때문에 육식이 금지되어 단백질을 생선으로부터 얻었습니다.

고양이가 인간과 함께 생활했다면 이 음식 취향에 크게 영향을 받았겠지요. 그 때문에 일본의 고양이는 생선을 좋아하게 되었다고 여겨집니다. 즉, 고양이는 본래부터 생선을 좋아하는 게 아니라 일본인의 식생활에 익숙해진 결과, '고양이=생선을 좋아한다'라는 이미지가 후천적으로 만들어졌다는 이미지라는 것입니다.

고양이는 본래 생선을 좋아한다!?

하지만 저는 다른 생각입니다. 통설을 부정하는 듯한 고양이의 행동이 때때로 보고되기 때문입니다.

❶ 스스로 물에 들어가 잉어를 능숙하게 잡는 고양이가 있다

터키시반이라는 품종의 고양이는, 터키의 반 호수에서 헤엄치고 있는 고양이를 본 영국인이 모국으로 데리고 가 유명해진 품종입니다. 뒷다리가 발달해서 물살을 헤치며 수영하는 것이 능숙합니다. 털에 특수한 유분이 많아 물에 잘 젖지 않는 특징을 가지고 있다고 합니다. 일본에도 가끔 강에서 길고양이가 잉어를 능숙하게 잡아 채는 모습을 목격할 수 있습니다.

❷ 헤엄치는 물고기를 포식하는 삵이 있다.

이리오모테삵은 수중 능력이 높아 잠수해 헤엄치는 물고기를 포식하는 것으로 알려져 있습니다. 고기잡이삵도 이름 그대로 얕은 연안에서 생선을 잡아 포식합니다. 그 외에도 살쾡이, 재규어, 재규어런디도 수영에 매우 능하다고 보고되었습니다. 쓰시마삵의 분변에서는 생선의 흔적도 발견할 수 있습니다.

❸ 새로운 것이 싫은(네오포비아, Neophobia) 고양이라도 생선을 먹는 경우가 있다.

27페이지에서 '새로운 것을 좋아하는 것(네오필리아)'라는 고양이의 특성에 대해 설명하였습니다. 그러나 반대로 '새로운 것을 싫어하는 것(네오포비아)'의 성질을 가진 고양이도 있습니다. 자세하게는 77페이지에서 설명할 텐데, 이러한 성질을 가진 고양이는 기본적으로 이제껏 먹은 적이 있는 음식 이외에는 먹지 않으려고 합니다. 그러나 이런 고양이라도 예외적으로 참치(생선)는 잘 먹는다는 연구 결과가 있습니다.

이러한 보고는 생후 3주~6개월 사이에 특정 음식만을 주며 기른 실험에 의한 것입니다. 참치 캔만 주며 키운 그룹은 실험 후에 참치 캔만 먹으려고 한 것에 반해 소고기 캔만 주며 키운 그룹은 소고기만이 아니라 참치 캔도 곧잘 먹었다는 것입니다. 즉, 참치는 네오포비아를 이길 정도로 선호도가 높은 재료라는 것을 알 수 있습니다.

그 외에도 생선, 사료, 쥐 중 어느 것을 좋아하는지를 비교한 연구에 의하면 쥐보다도 생선 혹은 사료를 먹는 것을 좋아한다고 보고되어 있습니다. 그리고 주목해야 하는 것은 이러한 연구들은 모두 어류 식생활이 확실하게 자리잡은 일본이 아닌 해외에서 진행된 연구라는 점입니다.

정리하자면, 집고양이와 공통의 선조를 가진 삵을 포함한 야생의 고양이가 전혀 생선을 먹지 않는 것은 아니라는 사실을 알 수 있습니다. 특히 ③의 연구 결과에서 생각해 볼 수 있듯이 고양이가 본래 생선을 좋아한다는 것은 꽤 신뢰성이 높은 설이라고 생각해도 좋겠지요.

조금씩 자주 먹는 것이 좋은 고양이

🐾 고양이의 식사는 1일 10회 이상

일반적인 가정에서 고양이(성묘)의 식사 횟수는 1일 2, 3회 정도입니다. 많은 사료 브랜드에서도 같은 횟수를 장려하고 있습니다.

그러나 Part 2에서 소개한 것과 같이 고양이는 하루에 10회 이상 식사하는 것이 정상적인 동물입니다. 한 연구 보고에서는 언제든지 먹을 수 있도록 사료를 놓아두면 하루에 13~16회 정도 먹었다고 밝혔습니다. 건식사료로 환산하면 1회 식사의 양은 6~8g 정도입니다. 이렇듯 고양이는 소량의 식사를 여러 번 반복하는 동물인 것입니다. 즉, 하루에 2, 3회 정도의 식사 횟수는 고양이에게 꽤 적다는 것이지요.

그렇다면 어째서 이렇게 조금씩 자주 먹게 된 것일까요? 궁금증을 푸는 열쇠는 쥐에게 있습니다. 고양이가 1일에 필요로 하는 칼로리는 약 280kcal(체중 4kg, 중성화하지 않은 수컷 성묘의 경우)입니다. 실은 이 숫자는 쥐 10마리에서 얻을 수 있는 칼로리와 거의 일치합니다(쥐 한 마리는 약 30kcal). 즉, 고양이가 조금씩 자주 먹는 것은 쥐로 대표되는 소동물로 식사를 해결하기 위해 진화해 온 결과라고 생각할 수 있습니다.

🐾 고양이는 한꺼번에 많이 먹어 둘 수 없다.

이러한 습성 때문에 고양이의 위는 다른 동물과 비교해 크게 늘어나지 않습니다. 이것은 먹이를 한꺼번에 잘 먹지 못한다는 뜻입니다. 대형 포유류를 포식하는 사자나 늑대는 체중의 1/4에서 1/5 정도를 한꺼번에 먹어 저장해 둘 수 있지만, 고양이의 위 내에 건식 사료가 머무는 시간은 12시간 정도밖에 되지 않습니다. 더욱이 단시간에 폭식을 하면 토하고 맙니다.

즉, 하루에 2~3회라는 고양이의 식사 횟수는 집사가 하루에 10회씩이나 식사를 준비하는 것이 어렵기 때문에 현실적인 타협점으로서 설정한 것입니다. 그러므로 고양이가 건식 사료를 조금 깨작거리다 어디론가 가버린다고 해도 '맛이 없었던 걸까?'라고 당황하지 마세요. 이것이 고양이 본성에 가까운 쾌적한 식사 스타일인 것입니다.

최근에는 한 봉지에 3~5g 정도로 소분된 간식도 판매되고 있으므로 이를 잘만 이용하면 하루의 식사 횟수를 고양이 본래의 습성과 비슷하게 맞출 수 있을 것입니다.

잡은 직후의 따끈따끈한 먹이가 좋은 고양이

🐾 사냥한 먹이를 금방 먹는다(신선 육식 동물)

고양이에게는 먹이를 사냥하면 신선한 상태로 먹는 '신선 육식'이라는 습성이 있습니다. 늑대와 같이 한번에 많이 잡은 먹이를 땅에 묻어 저장해 두고 장기간 사냥할 수 없을 때 파내어 먹는 부식성(腐食性, 썩은 고기를 먹는 습성) 행동과는 구별되지요. 야생의 고양이가 먹이를 보존하거나 부패육을 먹는 경우는 거의 없습니다.

🐾 식사의 신선도 저하에도 민감

때문에 집에서 사는 고양이도 식사의 신선도 저하에 매우 민감합니다. 신선도가 저하되면 육류에 특정한 누클레오티드(DNA 등을 구성하는 핵산의 대사물질)라는 성분이 축적되는데 고양이는 이것을 싫어합니다.

그리고 습식 사료는 개봉한 순간부터 산화가 진행되어 풍미가 날아가고 미생물이 번식하게 됩니다. 미생물은 수분이 10% 이상 포함되어 있는 음식에 잘 번식하기 때문에 건식 사료와 같은 건조된 음식에서는 균의 번식이 억제됩니다. 그러나 습식 사료는 수분을 70~80%나 포함하고 있어 개봉한 순간부터 무균 상태를 유지할 수 없으며 미생물이 번식해 신선도를 저하시키는 원인이 됩니다.

이러한 이유에서 습식 사료를 개봉한 직후에 가장 맛있게 먹는 것입니다. 고양이 본래의 식사 습관에 가깝게 만들기 위해 가정에서는 캔이나 파우치 등 습식 사료를 개봉했다면 되도록 빨리 주어 남는 것은 그대로 방치하지 말고 처분하고, 건식 사료도 먹을 만큼 소분하여 포장하는 등의 노력을 해 보는 것도 추천합니다.

대부분의 사료가 엄격한 신선도 관리를 기본으로 제조되지만, 장거리·장시간의 운송 등으로 어쩔 수 없이 신선도가 떨어지는 경우가 있습니다. 그런 점만 본다면 어쩔 수 없이 자국 내에서 제조된 사료가 보다 신선도가 높고, 결국 고양이가 맛있게 먹을 가능성이 높아지겠지요.

3일 굶으면 지방간!? (단식에 약한 고양이)

🐾 고양이의 단식은 지방간으로의 지름길

고양이의 주된 먹이의 하나인 설치류는 지구상에 가장 번창해 있는 포유류로서 거의 모든 대륙에 서식하고 있습니다. 이렇게 먹이가 풍부한 배경에 사는 고양이가 배를 곯을 일이 적었겠지요. 그 결과 고양이는 굶는 것에 매우 취약해졌습니다.

육식동물은 단식에 강하다고 생각할 수 있겠지만, 이는 대형동물을 포식하는 사자 등에게나 해당하는 내용입니다. 사자의 식사는 1주일 동안에 2회 정도에 그쳐 밥을 굶는 기간이 있는 것이 보통입니다만 고양이는 절식하면 단 3일 정도만으로도 지방간이 되어버리고 말지요.

지방간이란 간에 지방이 쌓이는 것을 말합니다. 초기에는 눈에 띄는 증상이 없어 알아채지 못하는 경우가 많지만, 상태가 악화되어 간에 지방 연소가 과잉되면 간 기능의 저하에 의해 탈수증이나 황달, 의식장애 등을 일으키는 '간 리피도시스'로 발달하게 됩니다.

🐾 비만 고양이는 특히 단식에 주의!

특히 단식을 피해야 하는 것은 비만 고양이입니다.

고양이는 단식으로 에너지가 부족하면 몸에 축적된 지방을 간으로 대량 보내어 활동에너지로 이용합니다. 그러나 비만인 고양이의 간에는 이미 대량의 지방이 쌓여 있어 간의 지방 연소 능력이 떨어져 있습니다. 그 때문에 대량의 지방이 더욱 간에 쌓이게 되고 급격한 지방 연소에 따른 산화 스트레스가 일어나 간 리피도시스가 발달하기 쉬워지게 됩니다.

그러니 고양이가 요즘 살이 찐 것 같다고 해서 사람처럼 '단기간 단식 다이어트' 등을 시키게 되면 생명에 지장이 갈 수 있습니다. 고양이의 다이어트는 반드시 수의사의 진찰과 지도를 바탕으로 진행하도록 합시다.

새끼 고양이 때의 경험이 기호로 연결된다(학습, 경험, 생활 환경)

🍌 바나나를 먹는 새끼 고양이?

새끼 고양이 때 어미 고양이로부터 배운 맛은 본능적으로 느끼는 맛의 감각을 능가해 평생에 걸쳐 좋아하게 됩니다. 포유류는 '초두 효과(primacy effect)'라고 하여 새끼 때 기억한 정보일수록 기억에 쉽게 남는 성질을 가지고 있습니다. 특히 젖을 뗄 무렵의 식사 경험은 고양이의 평생에 걸친 음식 취향에 큰 영향을 미치는 것으로 알려져 있습니다.

어미 고양이에서 새끼 고양이에게로 전해지는 입맛 교육은 임신 기간부터 시작된다고 합니다. 양수를 통해 어미 고양이가 먹은 음식을 경험한 태아는 출생 후에도 같은 음식을 좋아하게 된다고 합니다. 젖을 뗄 시기에는 어미 고양이가 준비한 식사를 통해서 맛을 배워가지요.

초두 효과를 증명한 놀라운 연구가 있습니다. 무려 바나나를 먹도록 훈련된 어미 고양이로부터 태어난 새끼 고양이는, 어미 고양이를 흉내 내어 바나나를 먹게 된다는 것입니다. 이렇듯 기호성은 타고난 식성이나 오감과 같은 선천적인 본능보다도 후천적인 경험이 우선된다는 것을 알 수 있습니다.

🐾 식사 경험이 부족하면 '네오포비아'가 되기도

앞서 고양이의 본성인 '네오필리아(새로운 것을 좋아하는)'를 설명하였습니다. 그러나 새끼 때의 식사 경험에 따라서 정반대의 성질인 '네오포비아(새로운 것을 싫어하는)'가 되는 경우도 있습니다.

젖을 떼는 시기, 특히 6주령까지 특정 먹이만 먹고 자라 그 이외의 것들을 먹이로서 인식하지 못하는 고양이들입니다. 예를 들면, 이유기에 건식 사료만 준 새끼 고양이는 성장한 후에 습식 사료를 주어도 먹이로서 인식하지 못하고 먹으려 하지 않기도 합니다. 하지만 제한된 먹이밖에 먹지 못하는 고양이로 자라면 훗날 치료를 위한 처방식을 먹어야 할 때에 어려움을 겪을 수 있습니다. 고양이도 사람과 같이 다양한 먹이를 먹을 수 있도록 바른 식생활 교육이 필요한 이유입니다.

야생의 고양이는 다양한 먹이와 접하기 때문에 자연스럽게 네오필리아가 되지만 반려고양이의 경우는 반려인의 서포트가 필요합니다. 어미 고양이의 마음으로 이유기~새끼 고양이의 시기에 다양한 종류의 음식을 주어서 식사 경험을 풍부하게 만들어 주면 이후에 고양이 밥을 선택하는 문제로 곤란해하지 않아도 되겠지요.

PART 4
맛있는 고양이 밥의 비법

고양이는 어떤 음식을 맛있다고 느낄까? 이 장에서는 고양이가 느끼는 맛을 측정하는 방법부터 고양이에게 필요한 영양소, 사료의 맛의 비밀까지 소개하겠습니다.

고양이가 느끼는 맛 측정 방법 ①
섭식 시험, 비섭식 시험

🐾 고양이가 느끼는 맛의 정도를 측정해보자!

지금까지 고양이의 생태나 미각에 대해 설명했지만, 고양이가 어떤 음식을 맛있다고 느끼는지 인간의 감각으로 이해하는 것은 한계가 있습니다. 그래서 실제로 고양이에게 사료를 주어 그 반응이나 먹는 법을 이용해 '맛'을 측정하는 방법을 소개합니다.

🐾 이점 비교 검사법(섭식 시험)

2종류의 사료를 주어 어느 쪽을 잘 먹는가를 측정하는 방법입니다. 현재 많은 사료 제조 업체가 이 방법을 사용하고 있습니다. 실제 연구 레벨의 실험에서는 새끼 때부터 다양한 식사 경험을 쌓아 극단적인 호불호가 없는 성묘 4~12마리의 데이터를 통계 해석하는 식으로 진행되지만, 여기서는 여러분의 반려묘가 어떤 사료를 '맛있다'고 생각하는지 알아 보기 위한 응용편을 소개하겠습니다.

【준비물】
- 사료 2종류(연령이나 체중에 적합한 것)
- 색깔만 다른 같은 형태의 식기 2종류(사람이 사료를 구별하기 위함)

【시험 방법】(1일 2식의 경우)
- 1회의 식사 때 2종류의 사료를 각각 1끼 식사분(25~30g)씩 색이 다른 두 개의 식기에 담아 놓아 둡니다.
- 정해진 시간에 이 2종류의 사료를 동시에 제공합니다. 눈으로 봤을 때 두 가지 사료 섭취량의 합계가 대략 1끼 식사분(합계 25~30g)이 되면 즉시 식기를 치웁니다.
- 각 사료의 '제공한 양−남은 양=섭취량'을 매 식사마다 계측합니다.
- 이것을 최소 4회 진행하여 각 사료 섭취량의 평균치를 계산합니다.
- 2개의 식기에 각각 다른 식사가 준비되어 있다는 것을 알아차리도록 처음에는 2~3주간 계속합니다.
- 많이 먹은 쪽을 '맛있다'고 판단합니다.

【주의점】
- 고양이가 살이 찌지 않도록 하루에 급여하는 밥의 양을 섬세하게 지킵니다.
- 조금씩 자주 먹는 타입의 고양이는 각 사료의 양을 100g 정도로 해 반나절 또는 하루 종일 내어 둡니다.
  이 경우에는 매일 정해진 시각에 섭취량을 확인합니다. 양쪽의 사료가 충분히 차 있도록 해주세요. 사료를 채울 때는 신선도가 맛 평가에 영향을 주지 않도록 기존에 있던 오래된 사료를 반드시 제거합니다.
- 사료를 어떤 식기에 넣을지는 매 식사마다 랜덤으로 결정합니다(오른쪽 식기의 사료만 먹는 등 특정 위치를 좋아하는 고양이도 있을 수 있기 때문).

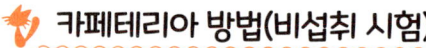
카페테리아 방법(비섭취 시험)

이외에도 3종류 이상의 사료를 비교하는 '카페테리아 방법'이라는 시험 방법이 있습니다.

이것은 한 개의 접시에 3개 이상의 사료를 동시에 주어 각각의 섭취량에 따라 기호성을 평가하는 방법으로 큰 관점에서는 이점비교 검사법과 다르지 않습니다. 동시에 복수의 사료를 비교, 평가하는 것이 가능하기 때문에 효율이 좋지만 이점비교 검사법보다는 정밀도가 낮습니다.

그리고 고양이 이외의 동물을 대상으로 한 실험에서는 섭취량으로 평가하지 않는 '비섭식 시험 방법'도 연구되고 있습니다. 예를 들면 2개의 손잡이가 있는 급식기를 준비해 시험 대상인 동물이 앞발 등으로 손잡이를 누르면 각각의 다른 사료가 조금씩 나오도록 합니다. 동물이 이 시스템을 학습하면 자신이 먹고 싶은(=맛있는) 사료 쪽을 적극적으로 누르게 되니 소량의 사료만으로 비교 시험이 가능해지지요.

어느 쪽이든 이러한 시험의 고양이 버전 기록이 축적되면 고양이들의 부담은 보다 줄이면서 기호성은 좋은 사료를 개발할 수 있게 되겠지요.

고양이가 느끼는 맛 측정 방법 ②
표정으로 읽기 – 식사 전, 식사 중, 식사 후

고양이가 느끼는 맛의 지표는 먹은 양 이외에도 존재한다?

앞의 실험에서 알게 되었듯이 현재 사료의 맛 평가는 '고양이가 먹은 양'이 기본이 됩니다. 그러나 우리가 마블링이 잔뜩 들어간 깊은 맛의 스테이크를 '맛있지만 많이는 못 먹겠다'라고 하는 것과 마찬가지로, 고양이도 먹는 양만이 맛의 지표가 되는 것은 아닙니다.

여기서 고양이의 표정이나 몸짓으로부터 고양이가 느끼는 맛있음을 읽어내는 방법을 몇 가지 소개하겠습니다.

식사 전

고양이는 좋아하는 향기의 음식이거나 맛있는 음식일수록 냄새를 짧게 맡고, 재빨리 달려들어 먹습니다. 그리고 먹이를 앞발 젤리로 터치해 보거나 살짝 물어 보는 등의 행동은 고양이가 이 음식에 강한 흥미를 가지고 있다는 증거입니다.

🐾 식사 중

맛있는 음식일수록 고양이는 황홀한 듯 반쯤 뜬 눈으로 맛을 즐기는 시간이 길어집니다. 개중에는 완전히 눈을 감고 즐기는 고양이도 있다고 합니다. 그리고 건식 사료를 가지고 놀기 시작한다면 배가 찼다는 증거입니다.

🐾 식사 후

맛있었을 때에는 코를 핥고 혀를 내밀거나 입술로 소리를 내는 등의 행동을 보입니다. 특히 맛있게 먹은 만큼 입술 주위를 핥는 횟수와 시간이 늘어난다고 알려져 있습니다.

맛있지 않았을 때에는 꼬리를 좌우로 흔들며 오래 그루밍을 합니다. 코를 핥는 빈도도 늘어나는데, 이것은 맛있었던 때와 구별하기 쉽지 않으므로 주의합시다. 그 밖의 표정이나 행동을 합쳐 종합적으로 생각하는 것이 좋겠지요.

고양이에게 필요한 영양소 ①
단백질, 아미노산

 고양이의 소화율은 9할 이상?

육식동물인 고양이는 소화가 어려운 식물성 음식을 먹지 않습니다. 즉 시간을 들여 밥을 소화할 필요가 없으니, 장을 짧게 하여 소화의 효율성을 높이는 것이 가능했습니다. 이러한 이유로 고양이의 장은 다른 동물과 비교해 짧은데도 불구하고 (고양이의 장의 길이는 몸길이의 4배, 돼지는 14배, 토끼는 15배) 건강한 고양이의 소화율은 9할 이상으로 아주 높은 수치를 기록합니다.

그리고 음식 내의 단백질이나 아미노산은 육식동물에게 중요한 에너지원입니다. 특히 고양이는 육류에서 효율적으로 영양 보충을 하기 때문에 단백질을 분해하는 대사가 항상 활성화되어 있습니다.

그런데 이 대사는 섭취한 양과는 상관없이 항상 높은 수준으로 활성화되어 있기 때문에 식사로 얻은 단백질의 양이 적을 때에는 체내의 근육까지도 분해해 버릴 위험이 있습니다.

고양이는 이것을 방지하기 위해 식사량을 조절해 자신의 몸에 필요한 양의 단백질을 섭취할 수 있도록 몸의 구조를 진화시킨 것입니다.

🐾 본능적으로 단백질의 섭취량을 필요한 양에 맞춰 조절할 수 있다

고양이의 먹이 섭취량은 식사 중에 포함된 단백질의 양에 의해 정해진다고 해도 과언이 아닙니다. 식사 조절 능력이 정상인 고양이의 경우 먼저 설명한 조절 능력에 의해 단백질의 비율이 높은 식사는 소량으로 끝내는 것에 반해, 단백질의 비율이 낮은 식사는 많은 양을 먹어 필요 없는 영양소까지 과식하게 되기 쉽습니다. 저렴한 건식 사료는 단백질을 비교적 적게 포함하는 경향이 있는데, 그것만 계속 먹게 되면 과식할 가능성이 높아지겠지요.

즉, 많은 양을 먹는다고 해서 무조건 고양이가 맛있게 먹고 있다고 확신할 수는 없다는 것입니다. 고양이의 맛있는 밥은 사료 내에 포함된 단백질의 비율과 종류, 이 두 가지가 모두 중요한 요소입니다. 이 두 요소에 대해 각각 상세하게 알아보겠습니다.

🐾 단백질의 비율이 높을수록 식감이 좋고 맛있다

고양이가 단백질의 비율이 높은 밥과 낮은 밥 중 어느 쪽을 맛있다고 느끼는지를 비교한 기호 시험에서는 단백질의 비율이 높은 밥이 압도적으로 승리합니다. 즉, 고양이는 음식에 들어 있는 단백질의 비율이 높을수록 선호한다는 것이지요. 인간으로 비유하자면 빵가루 같은 부속물이 이것저것 많이 든 함박스테이크보다 100% 소고기로 만든 육즙이 넘치는 함박스테이크를 맛있다고 느끼는 것과 비슷합니다.

그리고 이러한 단백질의 비율이 높은 건식 사료는 고양이가 씹는 것도 잊을 정도로 열심히 먹는답니다. 고양이가 건식 사료를 먹을 때의 섭취 시간과 씹는 횟수를 조사한 결과에 의하면, 건식 사료에 포함된 단백질의 비율이 높을수록 섭취 시간이 길고 씹는 횟수는 줄어드는 것으로 알려져 있습니다.

이때 고양이는 먹는 데 너무 집중해서 알아채지 못하겠지만, 건식 사료의 단백질 비율이 높을수록 사료 알갱이가 딱딱하고 바삭바삭한 식감이 강해져 촉각 면에서도 더 맛있다고 느끼게 됩니다.

적절한 가공과 아미노산 밸런스로 품질을 높인 단백질은 맛있다

건식 사료의 원료인 단백질은 양뿐만 아니라 가공과 아미노산 밸런스를 잘 지켰을 때 진정한 맛을 발휘하게 됩니다.

신선도가 유지된 식육 처리 등 적절한 가공 처리가 동물성 단백질의 맛을 보다 높입니다. 원료의 신선도가 중요한 것은 Part 3의 '잡은 직후의 따끈따끈한 먹이가 좋은 고양이'(72페이지)의 항목에서 설명한 대로입니다.

그리고 더욱 중요한 포인트는 아미노산 밸런스가 뛰어난 '동물성 단백질'입니다. 고양이는 콩 등의 식물성 단백질보다 동물성 단백질을 좋아합니다. 이것은 동물성 단백질에 포함된 아미노산이 고양이의 몸을 구성하는 아미노산 구성에 가깝기 때문입니다. 그중 사료의 영양 기준을 정하고 있는 AAFCO라고 하는 단체가 필수 아미노산으로서 지정한 것은 12종류입니다. 바로 전에 '본능적으로 단백질의 섭취량을 필요한 양에 맞게 조절한다'라고 설명하였습니다만, 정확히는 '고양이는 본능적으로 20종류의 아미노산을 필요한 만큼 조절해 먹는 것이 가능하다'라는 것입니다. 즉, 고양이에게 우선되어야 하는 것은 음식에 든 단백질의 양보다도 적절한 아미노산 밸런스인 거지요.

단백질은 여러 아미노산이 연결되어 구성됩니다. 동물성 단백질은 이렇게 연결된 여러 아미노산의 비율이 고양이의 몸을 구성하는 아미노산의 비율에 가까우므로 필요한 영양을 효율 좋게 섭취하는 것이 가능합니다. 반면, 식물성 단백질에 포함된 아미노산은 특정 종류에 치우치기 마련이라 고양이에게 필요한 영양을 한번에 보충하는 것이 어렵습니다. 그러므로 많은 종류를 먹어야 다양한 아미노산의 필요량을 채울 수 있습니다. 이렇게 쓸데없이 많이 먹은 아미노산은 고양이의 몸을 구성하는 것이 아닌 에너지로서 이용되어 이용, 배출되어 버리며 매우 효율이 나쁘지요. 이러한 이유에서 고양이는 식물성보다도 동물성 단백질을 좋아하는 것입니다.

고양이는 사람처럼 아미노산을 좋아한다?

여기서부터는 고양이가 좋아하는 아미노산에 대해 더욱 자세하게 이야기해 봅시다.

단일체인 아미노산의 경우, 고양이는 인간이 '달다'고 느끼는 아미노산을 좋아하는 경향이 있습니다. 구체적으로는 글리신 등이 여기에 해당합니다. 그리고 인간이 '쓰다'고 느끼는 아미노산은 고양이에게도 쓰게 느껴지기 때문에 L-트립토판, L-이소로이신, L-아르기닌, L-페닐알라닌 등은 싫어하는 경향이 있지요.

이렇게 고양이의 아미노산에 대한 취향은 인간과 비슷한 것 같습니다만, 예외도 있습니다. 예를 들면 타우린이라고 불리는 성분은 달지는 않지만 고양이의 필수 영양소로서 곧잘 섭취하지요. 그리고 일부 연구에서는 쓴맛이 나는 아미노산인 로이신도 고양이가 좋아하는 맛이라고 보고하기도 합니다.

고양이에게 필요한 영양소 ②: 지방
지방의 양, 질, 종류

🐟 지방(기름)은 고양이의 필수영양소

지방의 에너지 함유량은 단백질의 2배 이상이며 육식동물의 주요한 에너지원입니다. 지방의 존재를 감지하는 미각이 존재하는 것에서도 알 수 있듯이 밥에 포함된 지방의 양과 질, 종류도 맛을 결정하는 데 크게 영향을 미칩니다. 그렇다면 고양이는 어떤 기름을 좋아하는지 영양과 기호의 시점에서 살펴봅시다.

🐟 고양이가 좋아하는 지방량은 약 22%

기본적으로 고양이는 지방의 분량이 많은 밥을 맛있다고 느낀다고 합니다. 가장 좋아하는 지방량은 약 22%라고 알려져 있는데, 이것은 일반적인 육지 포유류의 체지방률에 가까운 수치입니다.

단, 건식 사료의 표면의 기름이 끈적할 정도로 코팅된 상태는 되려 맛을 해칩니다. 건식 사료는 기름이 얇게 코팅되어 내부에 지방이 풍부하게 응축된 상태가 더 기호성이 높습니다.

이렇듯 지방을 좋아한다고 하여도 한계가 있어 50% 이상의 지방이 포함된 밥은 그다지 좋아하지 않는답니다.

🔸 산화된 지방은 NG

지방산은 탄소와 수소로 이루어져, 탄소가 사슬 모양으로 연결된 형태입니다. 이러한 탄소가 1~6개 연결된 지방산을 단사슬 지방산, 7~12개가 연결된 지방산을 중사슬 지방산이라고 합니다.

보통은 각각의 탄소에 있는 4개의 팔 중 하나에 연결되어 있지만, 불포화 지방산은 그 두 배인 2개의 팔에 연결되는 부분이 있습니다. 그러면 분자가 움직이기 쉬워져 융점이 낮아지고 잘 녹습니다.

사료의 지방은 이러한 불포화지방산의 한 종류인 '오레인산'을 많이 포함하고 있습니다. 고급 소고기의 지방은 입에서 녹는 느낌이 좋고 몸에도 좋은 반면, 산화하기 쉬운 특징이 있는데, 생선에 많이 포함된 DHA나 EPA라고 하는 오메가3지방산도 산화되기 쉬운 불포화지방산의 한 가지입니다. 산화되어 신선도를 잃은 불포화지방산은 산화된 냄새가 심하고 사료의 맛을 크게 저하시키고 맙니다.

이러한 이유 때문에 유통 기한이 1년에서 2년 정도로 긴 건식 사료에는 산화 방지제를 첨가해야 합니다. 산화 방지제가 없는 건식 사료는 산화된 지방을 먹는 것과 같으므로 오히려 추천하지 않습니다. 건식 사료를 산화 방지제 없이 만드는 것은 굉장히 어려운 일입니다.

🔥 소 지방, 라드(돼지 기름), 생선의 지방이 좋아

육식동물인 고양이는 동물성 지방을 좋아합니다. 지방 중에서는 닭의 지방이나 버터보다도 소의 지방, 또는 돼지 기름인 라드를 좋아하며, 가장 좋아하는 것은 생선 지방이라고 알려져 있습니다.

식물성 지방을 좋아하지 않는 것에는 고양이가 싫어하는 단~중사슬 지방산의 비율이 높은 것과 지방 내에 고양이가 싫어하는 식물성 아로마와 풍미가 녹아 있는 것이 영향을 준다고 합니다.

건식 사료의 경우, 앞에서 다룬 지방을 알갱이의 표면에 얇게 코팅해서 바삭바삭한 식감과 지방의 맛있는 맛, 그리고 높은 영양가까지 모두 잡을 수 있습니다.

COLUMN 5

고양이가 타고난 생선 마니아인 이유

Part 3에서 이미 고양이가 생선을 좋아하는 이유에 대해 설명했습니다. 그렇다면 왜, 하필 생선일까요? 아무리 타고나길 생선을 좋아한다고 해도 생선을 구하기 위해 자발적으로 강에 들어가는 길고양이는 거의 없다는 모순이 있는데 말이지요.

이것은 저의 가설입니다만, 고양이의 진화 과정에서 생선을 주요한 단백질원으로 하는 선조들이 있었던 것으로 보입니다. 특히 열대지방이나 한랭지방 등, 쥐나 토끼 등의 소형 포유류를 안정적으로 포식할 수 없는 지역에서 단백질원으로 생선을 선택했을 가능성이 있습니다.

최근 나가노현 마츠모토시 카미코치에 서식 중인 일본원숭이가 생선을 포식하는 것으로 겨울을 날 수 있었다는 보고가 있었습니다. 카미코지는 일본원숭이에게는 가혹한 환경이라 먹이로서 이용할 수 있는 것을 최대한 이용하고자 한 결과, 생선을 먹는 것으로 이어진 것이 아니냐는 것입니다.

고양이과 동물의 선조는 집고양이가 되기까지 시베리아와 알래스카를 연결하는 베링해를 적어도 2번은 건너왔습니다. 극한의 지역에서 번식할 때 일본원숭이에게 일어난 것과 같은 과정이 고양이의 진화 역사의 안에 일어났을 수 있지요.

또는 소형 포유류를 먹이로 하기 어려운 낮은 위도의 열대지방을 통과할 때에 생선에 의지했을 가능성을 생각할 수 있습니다. 이 지역에는 소형 포유류가 적기 때문에 파충류를 중심으로 식사했던 듯합니다. 이때 어떤 이유에서 파충류를 포식할 수 없어졌다면 생선을 포식하게 되었을 가능성이 있습니다.

이러한 진화의 자취가 사막에 적응한 집고양이에게 전해져 내려온 결과, 건조지역에 적응한 혈통에 의해 물을 피하는 성질을 가지면서도 생선을 아주 좋아하는 고양이가 탄생한 것입니다. 이렇게 생각한다면 모순이 없는 것 같습니다. 언젠가 더 깊이 연구해 보고 싶은 주제입니다.

인기 사료의 비밀 ①: 조미료
고기, 생선 엑기스, 기호제, 효모, 내장, 인산

🐾 고양이에게도 조미료가 필요하다?

사료는 원료뿐만 아니라 고양이용 조미료로도 맛을 냅니다. 고양이만을 위한 대표적인 조미료에 대해 살펴 보겠습니다.

🐾 고기, 생선 엑기스

많은 사료에 사용되는 원료로서 고기나 생선의 단백질을 분해해 아미노산을 풍부하게 포함한 엑기스를 말합니다. 그대로도 맛있지만 이런 엑기스로 당의 1종을 함께 가열하면 마이야르 반응이라고 하는 화학 반응이 일어나 다갈색의 '맛있는 물질'인 멜라노이딘이 만들어집니다. 간장과 미림으로 고기를 굽는 데리야키의 향이나, 카레를 맛있게 만드는 '캐러멜라이징한 양파'의 색과 풍미도 이 마이야르 반응에 의한 것입니다.

착색료를 사용하지 않은 갈색 건식 사료는 이 마이야르 반응이 잘 이루어졌다는 증거입니다. 건식 사료의 '갈색'은 맛 판단 기준의 한 가지가 되겠지요.

기호제

고양이용으로 조제된 특별한 조미료로서 사료의 맛을 좌우하는 최대의 비밀이라고 할 수 있습니다. 사용하는 목적은 크게 2가지로 나눕니다.

❶ 향기로 고양이를 유혹하기 위해

고양이의 후각을 자극해 맛있게 먹게 하기 위한 것이 조미료입니다. 향기를 입히기 위한 천연 조미료와 영양 보조의 효과도 있는 합성 조미료가 있습니다.

❷ 계속해서 먹게 하기 위해서

고양이가 장기적으로 사료를 맛있게 먹게 하기 위한 기호제로서, 향기뿐만 아니라 맛이나 식감에도 영향을 미칩니다. 대표적으로는 다이제스트라고 하는 단백질을 분해해서 만드는 기호제가 있는데, 건식 사료에 1~3% 정도 첨가해 표면을 코팅하는 원료입니다.

🐾 효모

맥주나 빵을 만들 때 사용하는 효모도 의외로 고양이가 좋아하는 원료의 한 가지입니다. 1% 정도의 적당량을 첨가하면 고양이가 더 맛있게 먹을 수 있지요. 효모는 식물 섬유이므로 육식동물인 고양이가 싫어할 것이라고 생각할 수 있지만, 글루타민산의 농도가 높고 사료에 감칠맛을 주는 데다 고기와 비슷한 향기가 나게 만들어서 좋아한다고 합니다.

🐾 생선이나 동물의 내장

야생에서는 먹이를 통째로 먹는 고양이에게 먹이의 내장은 중요한 영양원입니다. 그렇기에 고양이 사료에는 고양이가 좋아하는 맛을 내기 위해 생선이나 축산물의 내장을 사용하기도 합니다. 특히 자주 사용되는 것이 동물의 간입니다. 다만 간에는 지용성 비타민이 많이 포함되어 있습니다. 지용성 비타민에 포함된 비타민 A, D, E, K는 체내의 체지방이나 간에 녹아 들어 축적되는데, 과잉 섭취하면 고양이에게 유해하기 때문에 주의가 필요합니다. 시판되는 사료라면 그렇게 걱정할 필요는 없지만, 집에서 밥을 직접 만드는 경우에는 고양이가 아무리 좋아하더라도 간 종류를 과하게 주지 않도록 조심합시다.

인산

고양이가 좋아하는 산미를 더하기 위해 첨가되는 조미제입니다. 단일체의 인산수소나트륨, 인산이 두 개 붙어 있는 피로인산, 복수로 붙어 있는 폴리인산 등이 건식 사료의 맛을 내기 위해 자주 사용됩니다. 인산수소나트륨은 0.3%, 피로인산나트륨은 0.5%를 첨가하면 고양이에게 더 맛있게 느껴진다고 합니다.

그러나 인을 과잉 섭취하면 만성신부전을 악화시킬 가능성이 있기 때문에, 고령의 고양이나 신장에 질환이 있는 고양이에게 급여하는 경우에는 주의가 필요합니다.

인기 사료의 비밀 ②: 바삭바삭함

🐾 맛의 비결은 바삭바삭함

집고양이가 먹는 건식 사료의 가장 중요한 비밀은 식감입니다. 고양이는 어떤 바삭바삭함을 맛있다고 느끼는 것인지, 제조의 비밀에서부터 맛있는 밥의 결정적인 방법까지 자세하게 살펴봅시다.

🐾 고양이가 좋아하는 바삭바삭한 식감을 만드는 법

건식 사료의 바삭바삭한 식감은 '발포'시키는 것으로부터 생겨납니다. 원재료를 고압고온의 기계로 눌렀다가 급격하게 상압(특별히 압력을 줄이거나 높이지 않았을 때의 압력)으로 되돌리면 포함되어 있는 수분이 팽창하여 발포 입자가 됩니다. 이것을 건조시키면 내부에 작은 공간이 많이 남게 되어 바삭바삭한 식감을 내는 것입니다.

이때 발포된 거품이 사라지지 않고 남는 것은 탄수화물 덕분입니다. 탄수화물을 많이 포함할수록 자잘하고 고르게 발포해, 사료 입자의 구조를 유지하는 데에 도움을 줍니다. 지금 고양이가 육식동물이라는 것을 떠올린 집사들은 '정말 고양이에게 탄수화물이 필요한가?'라고 의심할 수도 있지만, 그것은 완벽한 오해입니다.

사실 고양이에게도 탄수화물의 소화 효소가 있어서, 소량이라면 영양으로써 이용할 수 있습니다. 왜냐하면 쥐 등 동물의 신체에는 혈당이나 글리코겐 등의 탄수화물이 어느 정도 포함되어 있고 겨울이나 한랭지역에 서식하기 위해 영양을 쌓아 둔 소동물이라면 그 양은 더욱 늘어나기 때문입니다. 이렇듯 고양이는 소동물이 체내에 쌓아 둔 탄수화물도 낭비 없이 에너지원으로서 이용하는 것입니다.

건식 사료는 주로 단백질, 지방, 탄수화물로 이루어지지만, 칼럼 3에 적었듯이 맛있는 식감을 유지하기 위한 탄수화물의 배합량은 40% 정도입니다. 즉 하루에 18~30g 정도 먹는 셈인데, 이 정도 양은 먹이를 많이 사냥한 때라면 야생에서도 충분히 섭취할 수 있는 범위입니다. 집고양이는 1만 년에 가까운 시간에 걸쳐 사람과 생활하면서 탄수화물 섭취에 내성을 가지게 되었고, 야생에서 생활하는 삵 등에 비교해 탄수화물의 이용 능력도 높아져 있을 가능성이 큽니다.

참고로 발포에 필요한 탄수화물의 양과 고양이가 소화 가능한 탄수화물 양은 모두 40% 정도입니다. 이 기묘한 일치에 의해 맛도 좋고, 고양이의 건강도 유지할 수 있는 바삭바삭함이 탄생한 것입니다.

수분량은 5~6%가 베스트!

고양이는 건식 사료의 수분 함유량에 민감해서 0.75%의 차이까지 감지하는 것으로 알려져 있습니다. 건식 사료의 알갱이는 건조할수록 식감이 좋아지며, 고양이는 특히 5~6%의 수분량의 식감을 가장 좋아한다고 합니다. 기껏 최고의 식감을 재현하더라도 개봉해서 시간이 지나거나 밀봉이 제대로 되지 않으면 눅눅해져 버립니다. 습한 날씨에는 특히 주의가 필요합니다.

인기 사료의 비결 ③: 사료알의 형태, 사이즈

🐾 고양이가 좋아하는 건식 사료의 형태

건식 사료의 입자 형태나 크기도 사료의 맛을 크게 좌우합니다. 고양이는 일반적으로 작고 표면이 매끄러운 입자를 좋아합니다. 한 실험에 의하면 고양이가 선호하는 사료알의 형태는 다음과 같았습니다.

1위 원반형 (중간 정도의 딱딱함)

2위 십자형 (두 번째로 딱딱함)

3위 삼각형 (가장 딱딱함)

4위 구멍이 뚫려 있는 삼각형(가장 부드러움)

5위 원기둥형 (두 번째로 부드러움)

– Figge. K. "Kibble Shape and its Effect on Feline Palatability"(2011) Petfood Forum에서 발췌

※ 미국의 실험 데이터이므로 일본 사료에 많은 '생선 모양' 등의 형태는 조사되어 있지 않습니다. 그것들을 포함해 비교하는 경우에는 다른 결과가 도출될 수 있습니다.

그럼, 어째서 형태에 따라 선호도의 차이가 생기는 것일까요?

🥕 이유 ①: 씹기 좋음

건식 사료알의 형태나 크기는 입술로 집어먹기 좋은 정도에 크게 영향을 줍니다. 예를 들면 히말라얀이나 페르시안 등의 단두종은 머리와 턱의 구조상 입술이나 이빨을 사용하여 건식 사료를 집어먹기 어렵기 때문에, 대부분 혀를 사용하여 알갱이를 주워 올립니다(39페이지 참조). 고양이가 혀의 뒷면을 사용하여 입으로 옮기기 쉽도록 모양을 아몬드 형으로 만든 페르시안 전용 건식 사료 브랜드도 있을 정도입니다.

🥕 이유 ②: 사료알의 사이즈와 표면적

알갱이의 형태에 따라 건식 사료의 표면적에 차이가 생기는데, 이것이 맛과 깊은 관계가 있습니다. 건식 사료 표면에 발려있는 기름과 기호제도 관계가 있지요. 건식 사료 알갱이의 표면에는 기름과 고양이용 조미료 등의 기호제가 코팅되어 있어 알갱이를 얇게 개량하게 되면 이것들이 얇게 늘어지면서 맛이 약해져 버리게 됩니다.

예를 들면 같은 직경의 원으로 얇은 원반형과 높이 있는 원주형, 2종류의 사료가 있다고 가정합시다. 원주형의 높이를 반으로 자른 얇은 원반형을 두 개 만들었을 때, 한 개의 원주형과 두 개의 원반형은 무게가 같지만 원반형 두 개의 표면적 합계는 새로 생긴 단면적만큼 넓어집니다. 이러한 이유로 같은 용량의 상품을 얇고 작게 개량할수록 봉지 안에 알갱이의 숫자가 늘어나고, 알갱이 전체의 총표면적도 함께 늘어나게 됩니다. 그러나 그만큼 기호제나 지방의 양을 늘리지 않으면 알갱이 하나하나의 맛은 옅어지고 말지요. 고양이는 한 알씩 집어 먹는 것이 기본이기 때문에 맛이 옅어진 알갱이에 대한 기호성도 덩달아 낮아지고 맙니다.

사실 최근 들어 각 사료 제조 회사는 고양이의 취향에 맞추어 건식 사료의 알갱이의 형태를 점점 얇게 만드는 경향이 있습니다. 그렇다면 알갱이 하나하나 모두 최상의 맛을 유지하기 위해 지방이나 기호제의 양도 늘려야 하는데, 만약 그렇지 않으면 맛이 옅어져 오히려 고양이의 입맛을 못 맞추게 될 가능성이 있습니다. 건식 사료 알갱이의 형태가 변한 후 고양이가 밥에 흥미를 잃었을 때에는 이러한 원인도 생각해 볼 수 있겠습니다.

인기 사료의 비밀 ④: 씹는 재미(건식 사료)

고양이는 어떤 건식 사료가 좋을까?

먹는다는 행동에는 '씹는다'는 것이 큰 비율을 차지하고 있으며 이는 맛있는 식사에도 영향을 미치게 됩니다. 고양이 건식 사료의 형태, 씹는 재미와 맛의 관계성을 살펴 봅시다.

고양이가 씹기 좋아하는 건식 사료의 형태는?

형태가 다른 시판 건식 사료 3종류를 고양이가 얼마나 '잘 잘게 부수는가'를 비교한 실험이 있습니다. 그 결과 ①터빈(Y자)형, ②원반형, ③삼각형의 순으로 잘 씹어 부수는 것을 알게 되었습니다. 앞서 소개한 '고양이가 많이 먹는 건식 사료의 형태'에 대한 실험에서는 원반형이 1위를 했지만, 씹는 횟수는 비교적 적습니다.

⚡ 잘 씹으면 좋다?

'잘 씹는다=맛있다'라고 단언할 수는 없지만, 몇 가지의 연구를 총합해서 생각해보자면 고양이는 딱딱한 건식 사료일수록 많이 씹고, 양도 비교적 많이 먹습니다. 다만 앞에서 서술하였듯이 고양이가 맛있다고 느끼는 단백질이 많은 건식 사료 등은 너무 맛있어 하는 나머지 씹지 않고 통째로 삼켜버리는 경우도 있지요.

잘 씹는다는 것은 고양이의 건강에도 좋습니다. 건식 사료의 알갱이가 딱딱하면 치구(플라그)를 잘 분리시키므로 치석이 덜 생기고, 고양이의 구강 내 건강 유지에도 도움을 주기 때문입니다. 그리고 인간의 경우에는 잘 씹는 것이 턱의 발달을 촉진할 뿐 아니라 먹는 양을 적절하게 억제해 체중 조절에도 도움을 주는데, 고양이에게도 이러한 효과를 기대할 수 있다고 생각됩니다.

인기 사료의 비밀 ⑤: 소재감(습식 사료)

🐾 고양이는 건식 사료보다 습식 사료를 좋아한다?

지금까지 건식 사료의 맛에 대해 해설했습니다. 그럼 캔이나 파우치 등에 들어 있는 습식 사료의 경우는 어떨까요?

먼저 네오포비아가 아닌 이상, 고양이는 건식 사료보다는 습식 사료를 좋아한다는 것이 연구로 증명되어 있습니다. 습식 사료는 건식 사료보다도 단백질과 지방의 비율이 높아 고양이가 더 맛있게 먹을 수 있습니다. 그리고 수분량도 고양이가 야생에서 먹는 먹이와 비슷하게 70~85%로 높은 것도 고양이에게 보다 사랑받는 이유입니다.

🐾 육류나 생선의 소재감

습식 사료만의 맛을 말하자면 풍부한 육즙과 생선 등 재료의 소재감을 빼놓을 수 없습니다.

습식 사료가 장기 보관이 가능한 것은 가열 처리를 통해 식품에 발생하기 쉬운 미생물을 사멸시켜 일정 기간 부패와 변색을 방지하기 때문입니다. 이 때 캔이나 파우치의 안에서는 내용물을 보다 맛있게 하기 위한 화학 반응이 진행되고 있습니다. 구체적으로는 육류나 생선의 감칠맛이 배어 나와 맛있는 엑기스가 되는 것입니다.

이 엑기스는 스프 상태의 완전 액체 타입과 덩어리 같은 약간 걸쭉한 타입, 그리고 고형의 젤리 타입까지 3가지로 나뉘며 각각 다음과 같은 장점을 가집니다.

완전 액체 타입은 가볍게 국물을 마실 수 있습니다. 걸쭉한 타입은 점성이 강해 고양이의 혀로 한번에 감아 올릴 수 있는 양이 많고 자잘한 건더기와 함께 입에 넣을 수 있어서 입 주변이 덜 더러워지게 됩니다. 그리고 또 액체나 걸쭉한 타입의 습식 사료의 경우, 고양이는 이 엑기스로 입 주변이 끈적끈적해지지 않도록 국물을 먼저 마시게 됩니다. 그 때문에 물을 많이 마시지 않는 고양이의 수분 보충에도 큰 도움을 주지요.

그리고 습식 사료에 포함된 육류나 생선의 살 등 건더기의 사이즈는 고양이가 느끼는 식감에도 영향을 줍니다. 사이즈가 클수록 육류나 생선의 소재감이 남고, 씹어서 찢어 먹는 식감을 즐길 수 있습니다.

이러한 다양한 요소가 조화되어 고양이에게 '맛있는 밥'이 탄생하는 것입니다.

인기 사료의 비밀 ⑥: 조리법

습식 사료도 조리법이 다양하다

건식 사료의 제조법에 대해 '인기 사료의 비결 ②'(98페이지)에서 소개한 것처럼, 습식 사료도 조리 방법에 따라 맛이 크게 달라집니다.

가열은 130℃에서 60분이 최고

습식 사료를 맛있게 조리하려면 일정 이상의 고온으로 장시간 가열하는 과정이 필수입니다. 한 연구에 의하면 130℃에서 60분간 가열 조리 했을 때가 고양이의 입맛을 가장 사로잡았으며, 같은 온도더라도 조리 시간이 짧으면 맛이 저하되고 맙니다.

마이야르 반응이 진행되면 맛있다

장시간 가열할수록 고양이에게 맛있어지는 것은 마이야르 반응이 진행되기 때문이라 생각할 수 있습니다. 마이야르 반응은 먼저 해설한 것처럼 (94페이지), 다갈색의 향기 좋은 '맛있는 물질'을 생기게 하는 화학 반응입니다. 조림요리와 마찬가지로 습식 사료도 조리 시간이 길수록 맛이 깊이 배어들어 더욱 맛있는 화학 변화가 일어나게 됩니다. 이렇게 되면 향기도 좋아지고 고양이의 기호성도 높아지지요.

그러나 그 전제 조건은 마이야르 반응을 일으키기 위한 충분한 아미노산과 당입니다. 따라서 원료에 아미노산을 풍부하게 포함하는 것은 맛있는 습식 사료를 위한 조건 중 하나입니다. 그리고 장시간 가열 조리하기 위해서는 많은 에너지가 필요합니다. 이러한 이유로 맛을 위해서는 좋은 재료 이외에도 여러 차원의 제조 경비가 들게 되지요. 맛으로 기호성 좋은 습식 사료는 가격이 다소 높은 경우가 많은데, 이러한 이유 때문이랍니다.

PART 5
고양이 식습관 고민 해결!

Part 1의 고양이 식습관 고민 타입 진단 차트에서 진단한 타입 별 해결 방법을 소개하겠습니다. 2개 이상의 타입에 해당하는 경우에는 여러 개 시험해 보는 것을 추천합니다.

미식가(쉽게 질림/신선도 중시) 타입: 개요

변덕쟁이에, 같은 밥이라도 먹는 날이 있고 안 먹는 날이 있는 등 고양이 식습관 고민의 상당수를 차지하는 타입입니다. 이 미식가 타입에는 '쉽게 질림'과 '신선도 중시'의 2종류가 있습니다. 각각의 밥을 먹지 않는 원인을 살펴봅시다.

원인 ①: 쉽게 질림

Part 2의 27페이지에서 해설한 대로, 고양이에게는 새로운 것을 좋아하는 '네오필리아'라고 하는 성질이 있어 같은 밥이라도 연속해서 급여하게 되면 밥에 대한 기호도가 뚝 떨어집니다. 이 특성을 전문 용어로 '단조 효과'라고 하는데, 바로 이 단조 효과로 식사를 경원시하게 되는 것이 '쉽게 질림'의 정체입니다.

그러나 이것만으로 쉽게 질리는 미식가 타입의 고양이가 되는 것은 아닙니다. 단조 효과에 더해 '질리게 되는 환경'이 있습니다. 바로, 불편함 없이 밥을 얻을 수 있는 환경으로, '줬던 밥을 안 먹고 있었더니 집사가 새로운 밥을 내줬다'라는 성공 체험이 쌓이면 잘 질리는 고양이가 될 수 있습니다.

야생에서는 같은 먹이만 먹어야 하는 날도 있겠지요. 그 경우에는 특히 공복의 정도가 높을수록 단조 효과보다도 영양의 확보를 우선하게 됩니다. 그러나 가정에서 생활하는 고양이의 환경에는 먹을 것이 풍부하기 때문에 단조 효과로 밥에 질려 외면해도 기아 상태가 될 위험이 없습니다. 조금 참으면 집사가 노심초사하며 새로운 밥을 준비해 주니까 말이지요. 이 경우 식사의 선택권은 고양이에게 있습니다. 이 성공 체험이 반복되면 쉽게 질리는 성격이 강화되어 미식가 고양이가 되어 버리는 것입니다.

🐟 원인 ②: 신선도 중시

남긴 밥이나 오래된 밥을 거부하는 타입입니다. 쉽게 질리는 타입과도 비슷해 보이지만, 식사 자체에 원인이 있기 때문에 단조 효과를 원인으로 하는 질림과는 구별됩니다. Part 3에서 해설한 대로 야생 고양이는 신선한 육류를 좋아하는 성질이 있고, 가정에서 자란 고양이도 신선도가 떨어진 밥을 먹지 않는 경향이 있습니다. 신선도가 떨어진 밥에서는 다음과 같은 변화가 일어납니다.

- 특정 누클레오치드(DNA등을 구성하는 핵산의 대사물질)의 축적
- 균의 증식, 산화(부패)
- 저·중급 지방산의 발생
- 풍미 감소
- 습기로 인한 눅눅해짐

이 중 어느 하나만 일어나도 밥의 풍미를 해치고 맛을 감소시킵니다. 그 결과 신선도에 민감한 타입의 고양이는 밥을 외면하게 되는 것입니다.

미식가 타입을 위한 해결법 ①

금방 질리는 미식가 타입의 고양이의 경우, 밥에 대한 흥미가 다소 떨어진 것처럼 보여도 당황해서 바로 사료를 바꾸지 말고 먼저 상태를 살펴봅시다.

한 실험에 의하면 선호도가 높은 밥과 그렇지 않은 밥을 나란히 계속해서 급여하는 경우, 선호도가 높은 밥에 물려도 식사량이 줄었을지언정 그렇지 않은 밥을 어쩔 수 없이 먹는 경우는 없었다고 합니다. 즉, 고양이는 맛이 없는 새로운 밥을 먹느니 질렸더라도 맛있는 밥을 먹는 편이 낫다고 여긴다는 것입니다.

시장이 반찬이라고 하지요. '새로운 밥이 나오는 성공 체험'에 의해 고양이의 미식가 기질이 강화되는 것을 방지하기 위해서도 어느 정도는 여유롭게 관망하는 자세가 필요합니다.

기간을 두고 다시 급여해 보자(로테이션)

그렇지만 역시 '우리 집 고양이가 만족도 높은 식사를 했으면 좋겠다'는 게 집사의 마음이겠지요. 이때 먼저 시험해 보면 좋은 것은 여러 종류의 사료를 로테이션으로 급여하는 방법입니다.

먼저 반려 고양이가 좋아할 것 같은 맛이나 향기의 사료를 여러 종류 준비합니다. 맛과 브랜드, 특히 제조 회사를 다르게 고르면 더 큰 효과를 기대할 수 있습니다. 제조 회사가 같으면 근본이 되는 원재료를 공통으로 사용해 크게 맛이 변하지 않을 가능성이 있기 때문입니다.

그리고 되도록 매 식사마다, 길어도 3일마다 사료를 교체합니다. 고양이가 새로운 밥을 맛있다고 느끼는 효과는 첫날 가장 강하고, 길어야 3일밖에는 지속되지 않기 때문입니다.

더욱이 대용량 봉지가 아닌 한 끼만큼 소분된 사료라면 언제라도 개봉 직후의 신선함이 유지되므로 '신선도 중시' 타입의 질림에 대응할 수 있습니다. 매번 다른 사료로 바꾸기가 힘든 분들은 사료 전용 밀폐용기에 여러 종류의 소포장을 섞어 놓고, 위에서부터 꺼내는 것만으로도 자연히 로테이션이 되도록 하는 것을 추천합니다. 이때는 탈산소제나 건조제를 함께 넣어서 건식 사료의 신선도를 유지하는 것도 도움이 될 것입니다.

미식가 타입을 위한 해결법 ②

🐟 사료를 직접 조합해 보자

조금 번거로운 일이지만, 미식가이자 금방 질리는 타입의 고양이에게 가장 추천하는 방법입니다. 방법은 다음과 같습니다.

❶ 반려고양이가 좋아하는 맛이나 향기(참치, 닭 등)의 사료를 여러 종류 준비합니다. 여러 제조 회사에서 다양하게 고르는 것을 추천합니다.
❷ 준비한 여러 종류의 사료를 섞어서 급여합니다.
❸ 가능하면 매 식사마다, 길어도 3일마다 배합 비율을 바꿉니다.

혼합 비율을 바꿀 때에는 풍미가 다른 것을 30% 이상 바꿔 넣어봅시다. 향기의 변화를 30% 이상 주지 않으면 고양이가 변화를 인식하지 못한다는 것이 연구로 증명되어 있답니다.

🥕 시판 믹스보다 수제 믹스를 추천하는 이유

시판 사료에도 믹스 타입이 있습니다만, 실은 이 '믹스'에는 2종류가 있습니다.

A. 알갱이마다 육류 맛, 생선 맛 등 맛이 확실히 다른 믹스
B. 알갱이마다의 색깔은 다르지만 맛은 동일해 원료에는 생선이나 육류 등 복수의 단백질원이 믹스되어 있는 것

어느 한 쪽이 좋고 나쁜 것은 아니지만, 쉽게 질리는 문제를 해결하는 데는 B 타입은 그다지 효과가 없습니다. 그리고 시판되는 믹스 사료가 어느 쪽일지는 집사가 판단하기 어려운 것이 현실입니다. 그러므로 확실하게 맛을 믹스하는 것이 가능하고 배합 비율도 상황에 따라 바꿀 수 있는 수제 믹스를 추천하는 것입니다.

미식가 타입을 위한 해결법 ③

건식 사료와 습식 사료를 섞어서 급여해 보자

건식 사료에 습식 사료를 섞어 건식 사료의 맛을 크게 변화시키면 쉽게 질리는 타입에게 좋은 처방이 됩니다. 우리들이 찌개에 조미료나 양념을 더해 맛에 변화를 주면 질리지 않고 싹싹 긁어 먹을 수 있는 것처럼요. 섞는 습식 사료의 종류도 그때그때 바꾸면 더 좋습니다. 다만 바삭바삭함이 다소 사라질 수 있기 때문에 이 믹스를 싫어하는 고양이도 있습니다. 그러므로 이 방법은 새끼 고양이 때부터 건식 사료와 습식 사료를 섞어서 주었던 고양이에게 유효하다고 말할 수 있습니다.

하지만 이미 다 자란 고양이에게도 시험해 보고 싶다면 먼저 젤리 형태로 단단하게 응고된 종류를 사용해 봅시다. 흐물흐물한 습식 사료보다는 건식 사료가 수분을 덜 흡수하기 때문에 바삭바삭한 식감을 비교적 더 유지할 수 있습니다. 섞은 다음에는 건식 사료가 붇지 않도록 바로 급여하세요.

단, 습식 사료는 건식 사료와 비교했을 때 가격이 높은 편이기 때문에 건식 사료만 믹스했을 때보다 비용이 높아지게 되는 점을 참고하세요.

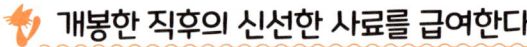 개봉한 직후의 신선한 사료를 급여한다

신선도를 중시하는 미식가 타입의 고양이에게는 다른 어떤 방법보다도 개봉 직후의 신선한 사료를 주는 것이 효과가 좋습니다. 이 타입의 고양이가 아니더라도 개봉 직후의 사료를 주는 것은 기본 중의 기본입니다.

건식 사료라면 1회분씩 소분한 타입을 추천합니다. 식사 때마다 바삭바삭한 식감과 신선한 향기를 즐길 수 있습니다.

습식 사료의 경우에는 개봉하고 시간이 지난 것이나 먹고 남은 것은 피하도록 합시다. 캔이나 파우치 모두 개봉한 순간부터 산화가 시작됩니다. 그러면 풍미가 떨어져 맛이 없어지는 것뿐 아니라 세균이나 미생물이 번식하여 고양이의 건강에도 좋지 않습니다.

최근에는 습식 사료도 한번에 먹을 수 있을 만큼 적은 양으로 나오기도 합니다. 이러한 사료를 잘 이용하여 미식가인 고양이를 만족시켜 주세요.

네오포비아 타입: 개요

익숙해진 사료만을 먹는 경향이 있고 77페이지에서 설명한 '네오포비아(새로운 것이 싫은)' 성향이 강한 타입입니다. 이 타입의 고양이는 까다로운 성격에 완고하다고 여겨지기 쉽습니다. 이러한 성격으로 자라게 되는 것은 필요한 시기에 충분한 경험을 쌓지 못했기 때문이라고 할 수 있습니다. 이 타입에는 크게 2가지가 있습니다.

원인 ①: 사회 경험의 부족, 스트레스가 되는 환경

고양이의 사회성은 생후 2~7주령 사이에 발달합니다. 이 시기까지 사람과 양호한 관계를 구축하지 못하면 사람을 잘 따르지 않을 가능성이 높아지거나 사람과의 생활에 스트레스를 강하게 느끼게 되지요. 그렇게 되면 경계심이 높고 보수적인 성격으로 자라기 쉬운 것입니다. 익숙한 음식은 잘 먹지만 새로운 식사에 도전할 정도의 여유가 없어지지요. 특히 구조된 고양이 중에서 이러한 케이스가 많은 편입니다.

그러나 사회성을 충분히 기른 고양이라 하더라도 동물병원 등 스트레스가 되는 환경에서는 역시 경계심으로 인해 밥을 먹지 않게 되는 경우도 있습니다.

그리고 태어나기를 신경질적인 성격의 고양이도 있는데, 고양이의 신경질적인 성격은 아빠 고양이를 강하게 닮는다는 연구 결과가 있습니다. 사람에게 경계심이 심한 길고양이를 아빠로 둔 새끼 고양이는 사회성을 기르는 시기에 사람과의 양호한 관계를 구축할 수 있도록 특히 신경을 써야 합니다.

원인 ②: 식경험의 부족

Part 3에서 설명한 대로, 고양이는 어미고양이의 태내와 새끼 때의 식경험에 의해 평생의 음식 취향이 좌우됩니다. 특히 생후 2~3개월령까지 젖을 떼는 시기에 경험한 음식의 종류나 수가 크게 영향을 주지요. 이 시기에 경험하지 못한 것은 먹이로 인식하기 어렵습니다. 아무리 많은 고양이가 좋아하는 기호성 좋은 습식 사료라고 하더라도, 이 시기에 먹어 본 경험이 없으면 먹는 것이라고 잘 인식하지 못합니다.

그리고 육식동물은 공통적으로 '새로운 것을 좋아하는 네오필리아' 특성을 가지지만, 이것은 유전적으로 이어받은 선천적인 특성이라기보다 풍부한 식경험에 의해 생겨나는 특성입니다.

특히 야생의 고양이는 새로운 것을 좋아하기 쉽지만 특정의 음식만이 급여되는 사육 환경에서는 새로운 것을 싫어하게 되었다는 연구 결과도 있지요. 야생에서는 어미고양이가 새끼 고양이에게 먹을 수 있는 것을 가르치려고 다양한 먹이를 사냥하여 부지런히 새끼 고양이에게 옮깁니다. 집에서 생활하는 경우에도 어미고양이가 있는 환경에서는 새끼 고양이가 새로운 것을 받아들이기 쉬워한다고 하니, 어미의 사랑이 새끼 고양이의 음식 취향을 풍성하게 만드는 것일지도 모르겠습니다.

네오포비아 타입을 위한 해결법 ①

'새로운 것은 싫어한다'라고 해도 고양이가 건강하다면 익숙지 않은 밥을 무리해서 먹여야 할 필요는 없습니다. 그렇지만 질병으로 처방식을 먹어야 하거나 재해 등 피치 못할 사정으로 먹던 사료를 구할 수 없게 되어 평소와 다른 밥을 먹어야 하는 상황이 생기기도 하지요. 그러한 경우의 대처법을 소개하겠습니다.

고양이가 익숙해질 때까지 계속 상냥하게 부른다

고양이의 '새로운 것을 싫어하는' 원인이 사회성의 부족이나 스트레스가 되는 환경인지, 혹은 식경험의 부족인지는 눈으로 구분할 수 있는 것이 아닙니다. 그리고 이 두 가지 전부가 원인일 때도 많습니다.

어느 쪽이 원인이더라도 해결로 가는 첫발은 모두 '상냥하게 부르기'입니다. '새로운 것이 싫은' 특성은 경계심에 의해 강화되기 때문에 안심할 수 있는 환경을 만들어 주면 완화될 가능성이 있거든요. 그를 위해서는 먼저 집사와 양호한 관계를 꼭 구축해야겠지요.

단지 아직 집사와의 관계가 구축되지 않은 경계심 강한 고양이에게는 '아무것도 하지 않는' 것도 필요합니다. 먼저 많이 신경 쓰지 않고 편하게 있도록 놔두어 새로운 환경에 익숙해지도록 합시다. 고양이가 환경에 익숙해지면 같은 공간에서 시간을 보냅니다. 고양이에게 섣불리 가까이 다가가거나 만지지 않고, 집사의 존재가 해가 되지 않는다는 것을 가르쳐 줘야 합니다. 그러면 점점 고양이 쪽에서 거리를 좁혀 줄 것입니다. 이때 상냥한 목소리로 부르는 것이 고양이와의 거리를 줄이는 데에 도움이 됩니다. 고양이가 사람과 익숙해지기까지 길게는 몇 년씩 걸리는 경우도 있습니다만, 이런 노력으로 아무리 늦더라도 분명 좋은 관계를 구축할 수 있을 것입니다.

일본에서는 고양이는 '집에 익숙해진다', 개는 '사람에게 익숙해진다'라고 표현합니다. 그러나 제 경험상 집사와 양호한 관계가 구축된 경우에는 고양이도 '사람에게 익숙해진다'고 생각합니다. 이사나 보호소에서의 입양 등 경계심이 강하고 새로운 것을 받아들이지 않게 된 상태의 고양이에게는 먼저 집사가 끈기 있게 상냥한 목소리로 부르거나 큰 소리를 내지 않는 등, 고양이의 상태를 잘 관찰하면서 조금씩 다가갑니다. 익숙하지 않은 밥을 먹여야 할 때도 마찬가지입니다. 고양이의 스트레스나 경계심이 완화된다면 천천히 새로운 것을 받아들일 여유가 생기겠지요. 그리고 고양이의 귀는 고음역을 듣기 쉬운 특징이 있으므로 목소리가 낮은 남성은 조금 높은 목소리로 부르는 것이 좋습니다.

네오포비아 타입을 위한 해결법 ②

🐾 환경을 정비한다

고양이가 안심하고 지낼 수 있도록 생활 환경을 정리하는 것도 중요합니다. 고양이에게 스트레스가 적은 생활 환경을 위해서는 다음과 같은 조건을 갖춰야 합니다.

- 조용한 숨숨집(안전 지역)이 있다.
- 수직 공간이 확보되어 있다.
- 입구가 넓고 바닥과 떨어져 있는 (식탁 등) 식기로 밥을 제공한다.
- 언제라도 신선한 물을 자유롭게 마실 수 있다.
- 화장실이 청결하다.

네오포비아 타입의 고양이에게 특히 중요한 것은 숨숨집(안전 지역)입니다. 집사를 포함한 인간, 다른 동물, 큰 소리 등으로부터 도망칠 수 있는 조용한 장소가 있는 것은 고양이에게 커다란 안정감을 줍니다.
구체적으로는 고양이의 몸이 딱 맞게 수납되는 정도의 좁고 어두운 장소가 좋습니다. 커다란 소리가 나는 청소기의 스위치를 켜는 순간 고양이가 식탁의 위나 소파의 밑으로 들어가 나오지 않는 경험은 많은 집사가 해보셨을 것입니다. 안전 지역에 들어간 고양이는 스스로 나올 때까지 손을 대서는 안됩니다.

고양이의 스트레스 완화를 위해서는 적절한 운동도 필요합니다. 고양이는 평면적인 넓이보다도 점프로 오르내릴 수 있는 수직 공간이 필요한 동물입니다. 높은 곳에서 낮은 곳을 내려다보며 안전을 확인하는 것으로 안정감을 얻기 때문이지요. 집에서 할 수 있는 구체적인 방법은 Part 6에서 자세하게 설명하겠습니다.

입구가 넓은 그릇으로 바꾸고, 식탁 등으로 바닥에서 떨어뜨려 두는 것으로 Part 2에서 소개한 '수염의 피로'를 방지하고 식사의 스트레스를 완화할 수 있습니다. 그리고 신선한 물을 준비하고 화장실을 청결하게 관리하는 것은 스트레스의 완화뿐만 아니라 신장병이나 요로감염증을 예방하기 위해서도 매우 중요합니다.

네오포비아 타입을 위한 해결법 ③

집사와의 관계는 양호하고 생활 환경도 쾌적하게 정비되어 있다. 그런데도 평소와 달리 밥은 먹지 않는다면? 이 고양이를 위해서는 밥을 주는 방법에 대해 연구해 봅시다.

평소 먹는 사료에 조금씩 새로운 사료를 섞어 나간다

항상 먹던 사료에 새롭게 먹이고 싶은 사료를 조금씩 섞어서 줍니다. 여기에서는 117페이지의 미식가 타입을 위한 해결법 ②에서 설명했던, '향기에 30% 이상 변화를 주지 않으면 고양이는 인식하지 못한다'라는 것을 반대로 이용하는 것입니다. 익숙한 사료에 새로운(먹이고자 하는) 사료를 고양이가 변화를 인식하기 어려운 1%, 5%, 10% 정도의 분량으로 조금씩 섞어서 줍니다.

새로운 사료를 아주 조금(예를 들면 5%) 혼합한 비율의 사료를 4~7일 제공해 보고, 문제없이 먹으면 다음의 비율(예를 들면 10%)로 이행해 나가도 좋겠습니다. 만약 비율을 높였을 때 고양이가 익숙하지 않은 맛을 알아채고 먹지 않게 되었다면, 한 단계 전으로 돌아가 다시 4~7일 상황을 보는 것으로 서서히 바꿔 나가도록 합시다.

비교적 약한 네오필리아 타입의 고양이라면 25% 단위로 혼합 비율을 바꿔서 1주일 안에 밥을 완전하게 바꾸는 것도 가능합니다. 경계심이 꽤 강한 경우에는 1% 등 매우 적은 양의 혼합으로 시작해 시간을 들여서 새로운 맛에 익숙해지도록 합시다.

그리고 쉽게 질리는 미식가 타입과 마찬가지로 공복감은 새로운 사료에 대한 경계심을 더 낮춰 줄 수 있습니다. 고양이에게 적절한 운동을 시키거나 사료의 변경 기간에는 식사를 제공하는 횟수를 약간 줄이는 등의 방법도 효과적입니다. 단, 무리는 금물입니다. 특히 수의사에게서 치료식을 처방 받아 바꾸려는 경우에는 치료식을 먹을 때까지 굶기는 것보다 익숙한 식사로라도 영양을 얻도록 해야 합니다. 치료식을 먹이는 것에만 집착하지 말고, 고양이의 상태를 잘 관찰해 수의사와의 상담 하에 영양 부족이 되지 않도록 주의하세요.

노화, 질병 타입: 개요

노화와 질병, 상처 등의 몸 상태 때문에 식욕이 저하되어 밥을 먹지 않게 되는 타입입니다. 이 타입은 크게 나누어 3개의 원인을 생각할 수 있습니다. 이 원인들 모두 '쉽게 질리는' 것과 구별하기 어렵기 때문에 주의해서 고양이의 상태를 관찰해주세요.

원인 ①: 학습에 의한 거부

과거에 밥이 원인이 되어 경험한 급성 질병으로 밥을 거부하게 된 케이스입니다. 대표적인 질병은 식중독으로, 어떤 밥을 먹고 나서 배탈이 난 경험이 있는 고양이는 배탈이 나은 후에도 같은 맛이나 향기의 밥을 피하는 경우가 있습니다.

또 비타민 B1이 부족한 식사 때문에 몸 상태가 나빠진 경험을 한 고양이는 그 후 같은 식사를 줬을 때 거부하는 경우도 보고되어 있습니다.

예를 들면 일본에서 '고양이가 먹으면 허리가 빠진다'라고 하는 생오징어도 비타민 B1을 파괴하는 효소를 가졌기 때문에 거부하는 것으로 생각할 수 있습니다. 물론 실제로 고양이의 몸에 유해하기 때문에 급여하지 마세요.

이 '학습에 의한 거부'는 40일가량 이어집니다. 지금까지 잘 먹던 밥을 갑자기 거부하면 질려버렸다고 착각하기 쉽지만, 이 경우에는 밥 자체에 문제가 있기 때문에 단조 효과를 원인으로 하는 질림과는 구별됩니다.

그러나 급성 증상이 없는 만성적인 영양 부족에 의한 몸 상태의 불량인 경우, 식사와 증상이 연결되지 않으며 밥을 거부하지도 않습니다.

예를 들면 고양이의 필수 영양소인 타우린이 결여된 식사를 계속해서 주게 되면 만성 타우린 결핍으로 눈의 중증 장애나 심장 질환이 생기게 되는데도 3년간 거부하지 않고 계속 먹었다는 보고가 있습니다. 그러므로 수제 음식 등을 급여할 때에는 만성적인 영양 부족이 생기지 않도록 충분히 주의할 필요가 있습니다.

원인 ②: 몸 상태에 따른 일시적인 식욕 부진

코막힘 등에 의한 후각이나 미각의 둔화, 구내염이나 목의 통증 등은 고양이의 식욕을 저하시킵니다. 이러한 질병(몸 상태의 불량)에 의해 일시적으로 밥을 먹지 않게 되는 경우가 있습니다. 이러한 경우 몸 상태가 회복된다면 4, 5일 후에 식욕이 돌아오는 것이 특징입니다. 콧물이나 눈으로 알 수 있는 구강 내의 염증 등 고양이에게 명확한 증상이 있다면 바로 질병이라는 것을 알 수 있지만, 조금 컨디션이 안 좋다거나 배가 아픈 정도로는 알기 어렵기 때문에 주의가 요구됩니다.

원인 ③ 노화, 신장병(만성적인 식욕 부진)

10살을 넘긴 시니어 고양이는 노화에 의해 후각이나 미각 기능이 저하되기 때문에 식욕이 떨어지고 사료 섭취량이 줄어들기 쉽습니다. 그리고 만성적인 질병에 의한 식욕 부진도 증가하지요.

인간은 고령으로 접어들면서 노화로 인한 식욕 부진이 근육량을 감소시켜 그것이 운동 부족을 일으키고, 다시 식욕 감퇴로 연결되는 악순환(프레일 사이클)가 일어납니다. 같은 것이 시니어 고양이에게도 일어날 가능성은 충분합니다.

시니어 고양이에게 생기는 많은 질병 중 대표적인 것이 만성신장병입니다. 신장의 기능이 저하되어 신장의 절반 이상이 기능 부전이 되어도 눈에 띄는 증상이 나타나지 않아 질병을 알아채지 못하기 때문에, 암 다음으로 높은 사망 원인이 되는 병입니다. 식욕 부진은 이 만성신장병의 특징적인 초기 증상의 한 가지이기도 합니다.

노화, 질병 타입을 위한 해결법

식욕은 활기의 증거나 마찬가지입니다. 고양이가 기운이 없어 보이면 불안해지고, 빨리 무언가라도 해서 기운을 회복시켜주고 싶은 것이 집사의 마음이지요. 여기서는 고양이의 몸 상태의 불량이 원인이 되어 밥을 먹지 않는 경우의 대책을 소개하겠습니다.

시간이 해결해주기를 기다린다

한 번이라도 고양이가 이 밥은 별로라고 판단하면 그 인식을 뒤엎는 것은 매우 힘든 일입니다. 그러니 되도록 식사와 몸 상태의 불량이 연결되어 버리지 않도록 주의하도록 합시다.

학습에 의해 식사를 경원시하는 것은 40일 정도가 지나면 없어지지만, 이 기간에는 싫어하게 된 음식은 잊어버리도록 만듭시다. 억지로 먹이려고 하면 그것이 스트레스가 되어 오히려 그 음식을 싫어하게 되고 맙니다. 절대로 무리해서 주지 않도록 합시다.

🥕 질병을 치료하자

일시적인 질병에 의한 식욕 부진의 경우에는 이 원인이 되는 질병을 제거할 필요가 있습니다. 감기 정도의 질병이라면 자연 치유를 기다리는 것도 좋습니다만 개중에는 병원에서의 치료가 필요한 질병도 있습니다. 눈에 보이는 질병의 증상이 없는데 식욕 부진이 계속되는 경우는 자주 다니는 병원의 수의사에게 상담하도록 합시다.

🥕 잘 먹는 음식을 찾는다

노화나 만성적인 질병에 의한 식욕 부진은 자력으로 회복하도록 하는 것이 어렵습니다. 영양 부족은 면역력을 저하시키고 질병에의 저항력을 약하게 만들기 때문에 반드시 영양을 섭취할 수 있도록 해야 합니다. 때로는 식욕을 증진시키는 약을 처방 받는 것도 한 가지의 수단입니다.

반려동물 용품점이나 용품 박람회, 또는 동물병원에 적은 양의 샘플 사료가 준비되어 있는 경우가 있으므로 몇 가지를 준비해서 어느 것을 먹는지 시험해 보는 것도 좋겠습니다. 그리고 최근에는 한번에 다 먹을 수 있는 정도의 소분된 팩으로 나오는 상품도 많기 때문에 다른 맛을 구매한 집사들끼리 소분된 팩을 서로 바꿔가며 먹여 보는 것도 선택의 폭을 넓힐 수 있는 좋은 방법입니다.

호불호 없는 고양이로 키우기 위해서는

고양이는 본래 다양한 음식을 받아들이는 '새로운 것이 좋은' 습성을 체득하기 쉬운 동물입니다. 이것을 활용하여 금방 질려 하지 않는 고양이로 기르게 되면 다음과 같은 장점이 있습니다.

- 고양이가 식사를 즐길 수 있게 된다.
- 식이요법이 필요해졌을 때 먹이를 바꾸기가 쉽다.
- 음식을 너무 자주 바꿔 설사를 하지 않아도 된다.
- 영양 밸런스를 정립하기 쉽다.
- 집사가 사료에 관해 곤란해하지 않아도 된다.

이렇게 호불호 없는 고양이로 기르게 되면 고양이에게도 집사에게도 장점이 많습니다. 여기서는 식사 습관을 이제 만들어 나가야 하는 새끼 고양이의 식사 방침을 설명하고자 합니다. 여러 번 언급했듯이 고양이의 음식 취향에는 젖을 떼는 시기까지의 경험이 크게 영향을 끼칩니다만, 이 시기를 지난 새끼 고양이에게도 효과가 있을 수 있으므로 꼭 시험해 보세요.

이제까지 설명한 내용을 다시 3개의 포인트로 정리해 보았습니다.

포인트 ①: 식사

- 개봉한 지 얼마 되지 않은 신선한 밥을 준다(기본 중의 기본).
- 밥의 온도는 38.5℃(사람의 체온 정도로 맛을 증폭시킴).
- 다양한 맛, 향기, 식감의 사료를 준다(건식 사료, 습식 사료, 간식 등).
- 수제 믹스 사료로 질리는 것을 예방한다.

포인트 ②: 급여 방법에 대한 연구

- 공복의 시간을 만든다(쉽게 배불리 먹을 수 있는 환경에 익숙해지지 않게 한다).
- 적절한 운동으로 공복감을 준다(이상적으로는 하루에 100회가량 뛰도록).
- 조르거나 질림에 의한 거부로 '새로운 밥을 획득하는 성공 체험'을 제공하지 않는다.

포인트 ③: 생활 환경 정비

- 집사와의 양호한 관계를 구축한다.
- 스트레스, 공포심, 경계심을 완화시킨다.
- 안심할 수 있고 쾌적한 생활 환경을 만든다.

여기서 거론한 모든 포인트를 매 식사마다 완벽하게 구축할 필요는 없습니다. 여러분의 생활 리듬에 맞추어 가능한 때에 도전해 봅시다. 여기까지 읽은 독자분들은 고양이의 습성과 식성에 대해 이미 충분히 이해했을 것입니다. 다음은 우리 집 고양이를 잘 관찰해서 고양이가 보내는 메시지를 이해할 차례입니다. 그리고 집사인 여러분들이 필요하다고 생각하는 방법을 정리하고, 할 수 있는 것부터 차근차근 시도해 주십시오.

COLUMN 6

시니어 전용 사료의 함정

많은 제조 업체에서 시니어 고양이를 위한 전용 사료를 출시합니다. 일반 성묘용과 비교했을 때 대부분 아래와 같은 특징을 가지고 있지요.

- **신장 케어**: 저단백질, 저인, 나트륨 조절
- **항(抗)염증**: 오메가4지방산
- **칼로리 조절**: 저칼로리, 고칼로리
- **섭취의 용이함**: 초소립, 초박형

이러한 특징들을 보면 몸의 내부뿐만 아니라 먹기 좋도록 배려해서 만들어진, 매우 친절한 음식이라고 생각하는 집사도 많을 것입니다.

하지만 여기에도 함정이 있습니다. 바로 이빨이 약한 시니어 고양이를 위해서 만들어졌다는 전용 사료의 알갱이가 일반 성묘용보다도 딱딱한 경우가 있다는 것이지요.

시니어 고양이용 사료가 딱딱해지는 원인에는 ①알갱이의 소형화 ②고칼로리화, 두 가지가 있습니다. 일반적으로 알갱이가 작고 얇아지면 발포율이 억제되어 알갱이가 딱딱해지게 됩니다. 그로 인해 바삭바삭한 식감이 증가하기 때문에 일반적으로 사료는 알갱이를 얇게 만들지요. 이것은 이빨이 튼튼한 성묘에게는 좋은 일이지만, 이빨이 약한 고양이에게는 힘들 수 있습니다.

더욱이 마르기 시작하는 고양이를 위해 지방량을 높였는데, 외려 이게 발포를 억제해 알갱이가 더 딱딱해지게 됩니다. 다만 알갱이 표면에 발린 기름을 늘려 조절한 경우에는 알갱이의 딱딱함에 그다지 영향은 없습니다.

× ×

어느새 나이가 든 우리 고양이를 생각해서 전용 사료로 바꾸더라도, 이 사료가 이빨이 약해진 시니어 고양이에게 적절치 않은 경우가 있다는 것을 염두에 두세요. 물론 모든 시니어 전용 사료에 해당되는 것은 아니므로 여러 가지를 시도해 보고 자신의 고양이에게 알맞은 사료를 찾아보는 것이 좋습니다.

참고로 11살 무렵부터 소화율의 저하가 분명해지므로 이때부터 소화가 잘 되고 칼로리도 높은 시니어 전용 사료로 갈아타는 것을 추천합니다.

PART 6
고양이와 비만

고양이 밥을 공부할 때 무시하기 어려운 고양이의 비만에 대하여. 고양이는 어째서 비만이 되는지 그 원인에 대해 8개의 관점에서 이해할 수 있습니다. 반려 고양이가 오래도록 건강하게 지낼 수 있도록 꼭 참고해 주세요.

고양이의 비만이란 어떤 상태일까?

고양이의 비만의 정의

고양이에게도 여러 체형이 있는데, '통통한 고양이가 귀엽다!'라고 생각하시는 분도 있을 것입니다. 그러나 결론부터 말하자면 인간과 마찬가지로 비만은 고양이에게 백해무익합니다.

그렇다면 고양이의 비만은 어떤 상태를 말하는 것일까요? 세계적으로 통일된 기준은 없지만 일반적으로 다음과 같이 정의합니다.

- 적정 체중보다 10~20% 늘어난 상태 ▶ 과체중
- 적정 체중보다 20~30% 늘어난 상태 ▶ 비만

🐾 고양이의 비만은 어째서 위험한가?

다음으로 고양이의 비만이 어째서 문제인지를 살펴봅시다.

비만은 몸에 지방이 과잉 축적되는 것으로, 몸은 '만성적인 염증 상태'가 됩니다. 만성 염증이라는 것은 미약한 염증이 상시 발생해 있는 상태를 말합니다. 이 염증은 금방 커다란 질병을 일으키지는 않지만 내분비계를 시작으로 여러 이상을 일으켜 눈치채지 못하는 동안 몸을 갉아먹습니다. 예를 들면 혈당치를 낮추는 호르몬인 인슐린이 효과를 나타내기 어려워져, 본래 지방이 쌓이지 않는 근육이나 간에 지방이 축적되고 마는 등 이상이 생기는 거지요.

더욱이 비만은 다양한 질병으로 발전할 위험이 높습니다. 고양이의 경우 비만으로 인해 다음과 같은 질병을 얻기 쉽습니다.

- 당뇨병
- 간 리피도시스(병적인 지방간, 75페이지 참조)
- 피부질환
- 요로질환
- 구강질환
- 신생물(종양, 암)
- 파행(정상적인 보행이 힘들어지는 것)

당뇨병은 정상 체중의 고양이보다도 약 2~4배, 파행은 약 5배나 발병 확률이 높아진다고 합니다.

그리고 살 때문에 꼼꼼한 그루밍이 어려워지기 때문에 위생적으로 관리하지 못한 부분이 피부염을 일으킬 수 있고, 피부염이 항문 부근인 경우에는 세균 감염에 의한 요로관계의 질환이 발생하게 됩니다.

우리집 고양이는 괜찮을까? 고양이의 비만 판정법

이렇게 고양이의 비만은 될 수 있는 한 피하고 싶고, 피해야 하는 일이지만 2016년에 발표된 조사에 의하면 일본 내 고양이의 56%가 비만 또는 과체중으로 밝혀졌습니다. '우리집 고양이는 괜찮을까?'라고 생각하는 분들을 위해 집에서도 가능한 비만 판정법을 2가지 소개하겠습니다.

❶ fBMI법

체중과 신장의 관계에서 인간의 비만도를 산출하는 체격 지수[BMI]를 고양이용으로 조정한 것입니다. 이하의 순서로 판정합니다.

① 고양이의 체중(kg)을 측정한다.
② 고양이의 무릎에서 복사뼈까지의 길이(m)를 측정한다.
③ ①을 ②로 나누어, [fBMI]의 값을 산출한다.
   fBMI=체중(kg)/무릎에서 복사뼈까지의 길이(m)
④ fBMI를 오른쪽의 대응표와 비교한다.

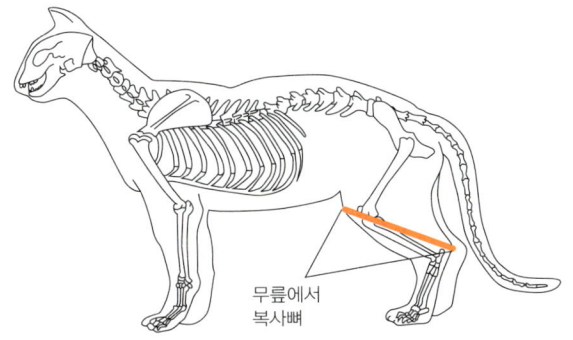

무릎에서 복사뼈

※ 옆으로 눕히면 더 측정하기 쉽다. 그리고 무릎 슬개골의 위치에 의한 오차가 발생하는 것을 피하기 위해 측정하는 때에 고양이의 무릎을 90°로 구부린 상태로 진행한다.

– 이와자키 에이지, 〈비만 고양이의 진단마크의 변동과 그 임상응용〉,
DISS 일본수의생명과학대학, 2016

fBMI 대응표

	fBMI(kg/m)	fBMI(kg/m)	체지방률(%)
비만	34.0 이상	5	30.0% 이상
과체중	28.0~33.9	4	23.0~29.9%
정상	23.0~27.9	3	18.0~22.9%
저체중	23.0 미만	2	18.0% 미만

❷ BCS(바디 컨디션 스코어)법

고양이의 겉모습을 보고 비만도를 5단계로 판정하는 방법으로 현재 일본에서 주로 사용되는 방법입니다. 그러나 꽤 주관적인 방법이므로, 저는 객관적 수치로 판정 가능한 fBMI법을 더 추천합니다.

단, fBMI법이라도 근육과 지방조직을 구별할 수 없기 때문에 고령의 고양이를 판정할 때는 주의가 필요합니다. 그 이유는 나이가 늘어남에 따라 근육량이 줄고 그만큼 지방이 채우는 상태(사르코페니아 비만)가 되면, 실제로는 비만임에도 불구하고 정상에 가까운 BMI 수치가 산출되기 때문입니다. 특히 고령의 고양이라면 판정 결과만을 과신하지 말고, 무언가 걱정이 되는 점이 있다면 바로 자주 다니는 병원의 수의사와 상담해 주세요.

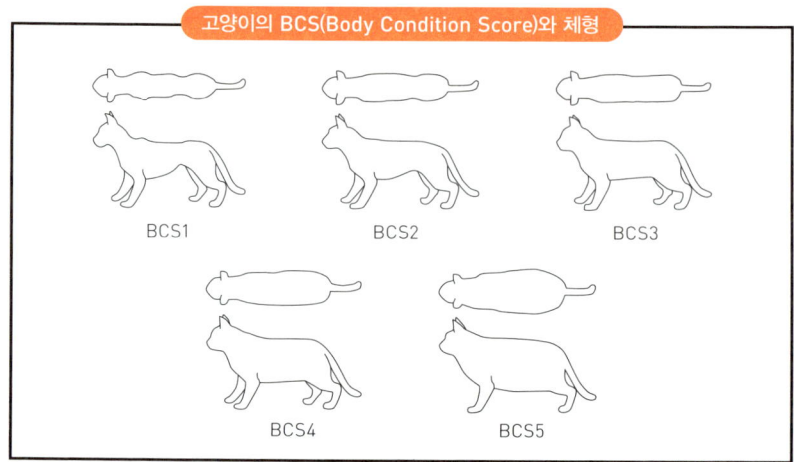

– 일본 환경청 [반려인을 위한 펫푸드 가이드라인: 개, 고양이의 건강을 지키기 위해]를 근거해 작성

BCS1 마름

갈비뼈, 요추, 골반이 잘 보인다. 목이 얇고 위에서 봤을 때 허리가 깊게 잘록해져 있다. 옆에서 보면 복부가 현저하게 홀쭉하다. 옆쪽 뱃살에는 지방이 없거나 주름 자체가 없다.

BCS2 약간 마름

등뼈와 갈비뼈를 쉽게 만질 수 있다. 위에서 봤을 때 허리가 조금 잘록하다. 옆에서 보면 복부가 조금 들어가 있다.

BCS3 이상적

갈비뼈는 만질 수 있지만 볼 수는 없다. 위에서 봤을 때 갈비뼈의 뒤쪽에 허리가 조금 들어가 있다. 옆에서 봤을 때 허리 라인이 들어가고 복부의 주름이 있다.

BCS4 약간 비만

갈비뼈의 위에 지방이 약간 침착되어 있지만 쉽게 만져진다. 옆에서 보면 복부의 들림이 약간 둥글다. 복부의 살이 적당량의 지방으로 처지고 걸을 때 흔들리는 모습이 보인다.

BCS5 비만

갈비뼈나 등뼈는 두꺼운 지방으로 둘러싸여 쉽게 만져지지 않는다. 옆에서 보면 복부가 둥글고 위에서 봤을 때 허리가 거의 들어가 있지 않다. 복부의 살이 눈에 띄고, 걸으면 맹렬하게 흔들린다.

고양이와 비만 ① 수컷 고양이는 암컷 고양이보다 비만이 되기 쉽다?

🐾 비만의 제일 큰 원인은 '과식'

고양이는 어째서 비만이 되는 것일까요?

먼저 전제되는 고양이 비만의 원인의 대부분은 과식입니다. 인간과 마찬가지로 고양이도 건강한 몸을 유지하기 위해서 필요한 에너지양 이상으로 얻게 되면 살이 찌게 됩니다.

그런데 고양이는 본래 식사량을 자율적으로 제어하는 능력이 높은 생물입니다. 개와 비교한 연구에 의하면 기호성이 높은(=맛있게 느낌) 식사를 줬을 때, 개는 식욕에 따라 과식하기 쉬운 것에 반해 고양이는 식사에 포함된 단백질과 지방의 에너지 밀도로 섭취량을 조절해 섭취하는 칼로리를 거의 일정하게 유지하는 것이 가능하다고 합니다.

그러나 특정 이유로 이 자기 통제가 들지 않게 되면 고양이는 과식을 하게 되고 살이 찝니다. 특히 수컷은 암컷보다도 이러한 경향이 강해, 비만 위험이 암컷의 1.4~1.5배 정도라고 알려져 있습니다. 이 요인에 대해 이제부터 구체적으로 살펴보겠습니다.

수컷 고양이는 어째서 살이 찌기 쉬울까?

고양이의 식욕에는 렙틴이라는 호르몬의 작용이 영향을 줍니다. 렙틴에는 본래 식욕을 억제하는 효과가 있는데, 비만이 되면 렙틴의 효과가 약해져서 과식하기 쉬워집니다. 이때 일시적으로 인슐린에 의해 지방으로의 축적 효과가 발휘됩니다. 과잉된 영양을 지방 조직에 끌어들여 혈액이 끈적끈적해지는 것을 막는 거지요. 그러나 이 효과도 길게 지속되지는 않습니다. 지방 세포에 영양을 너무 축적하게 되면 지방 조직이 염증을 일으켜 인슐린의 작용이 나빠지게 됩니다.

그 결과, 본래는 지방이 축적되지 않는 근육이나 간까지 지방을 축적하게 되고 한층 더 '비정상적인 비만'을 일으키고 마는 것입니다. 본래 고양이는 다른 동물에 비해 인슐린이 잘 작용하지 않는 편으로, 비정상적인 비만이 되기 쉽습니다. 이것은 고양이의 인슐린의 작용을 돕는 호르몬 분비량이 개와 비교했을 때 1/5에서 1/9 정도밖에 되지 않기 때문입니다. 이러한 이유에서 과식하기 쉬운 수컷고양이는 암컷고양이보다 인슐린의 작용이 나쁘고, 비정상적인 비만이 되기 쉬운 것이지요.

고양이와 비만 ②
중성화 수술의 영향

🐾 고양이의 중성화에 의한 변화는?

고양이의 중성화는 불필요한 번식을 막는 것 이외에도 암이 될 확률이 높은 유선 종양의 발생 위험을 줄이고 인간과 생활하기에 문제가 되는 행동(마킹 등)을 억제하는 등의 효과가 있습니다.

이러한 장점이 있는 반면, 중성화는 비만의 원인이 되기도 합니다. 실제 조사에 의하면 중성화한 고양이는 하지 않은 고양이와 비교해 체중과 체지방률이 높아 비만 지표(혈중지질)가 높은 경향이 있습니다. 즉, 살이 찌기 쉬운 것입니다.

그 배경에는 중성화 후 몸에 일어나는 다음과 같은 변화가 있습니다.

- 먹는 양이 증가한다.
- 자발적인 운동량이 감소한다(약 50%).
- 필요한 에너지량이 감소한다(24~30%).

이 중, 비만이 되는 가장 큰 원인은 역시 '먹는 양이 증가한다'라고 생각할 수 있습니다.

성호르몬의 영향

중성화에 의한 과식에는 성호르몬의 영향이 있습니다. 정소에서 분비되는 남성호르몬(테스토스테론)과 난소에서 분비되는 여성호르몬(에스트로겐)이 있는데, 이러한 성호르몬은 식욕을 컨트롤하는 작용을 하지요.

양쪽의 성호르몬이 모두 식욕 억제 작용을 하지만 특히 여성호르몬은 음식물 섭취량, 에너지 소비량, 지방 축적량을 조절하는 역할을 담당합니다. 그 때문에 중성화로 이 호르몬이 만들어지는 난소(또는 자궁)를 제거하게 되면 억제되어 있던 식욕이 눈을 뜨게 되는 것입니다.

여성호르몬은 정소에서도 아주 조금이지만 분비되며 중성화한 수컷 고양이는 난소가 없음에도 중성화한 암컷 고양이 이상으로 과식의 경향이 강해진다고 알려져 있습니다.

고양이와 비만 ③ 노화

🐾 고양이에게도 존재하는 '중년 비만'

비만에는 고양이의 연령도 크게 연관이 있습니다. 나이가 들면서 기초대사가 낮아져, 적극적으로 몸을 움직이는 일이 줄어들게 됩니다. 운동량이 감소하면 근육도 줄어들게 되지요. 성묘가 된 후 근육량이 계속 감소하게 되는 것도 기초대사를 저하시키는 요인이 됩니다.

그러나 섭취하는 칼로리는 거의 달라지지 않지요. 건강한 몸을 유지하기 위해서 소비하는 칼로리와 섭취 칼로리의 균형이 붕괴되어 살이 찌게 되는 것입니다. 사람의 '중년 비만'과 같습니다. 성묘가 된 직후의 1~2살과 비교했을 때, 청년기~중년기에 해당하는 3~11살 고양이는 2~4배 정도 살이 찌기 쉽습니다.

특히 수컷 고양이는 3~6살이라는 비교적 젊은 시기부터 비만이 될 위험이 높아집니다. 반면에 암컷 고양이는 11살 전후에 걸쳐 서서히 체중이 늘어난다고 합니다.

11살이 터닝포인트

그렇지만 전체적으로는 고양이가 11살을 넘는 때부터 비만고양이의 비율이 서서히 감소합니다. 즉, 11살을 넘은 고양이는 점점 말라가는 것입니다. 가장 큰 원인은 노화에 동반되는 소화율의 저하로, 특히 식사에 포함된 지방의 소화율이 저하되기 때문입니다. 지방은 탄수화물이나 단백질보다도 칼로리를 2배 이상 높게 포함하고 있기 때문에 지방의 소화율이 저하되면 에너지 부족에 빠지고, 체중도 감소하게 되는 것이지요.

이러한 결과에도 '우리 고양이는 11살 때부터 식욕이 늘어서 마를 걱정은 없어요'라고 하는 분도 있을 것입니다. 그러나 11살 때의 식욕 증가는 칼로리 부족을 채우기 위한 대상 행동일 수 있습니다. 즉, 노화로 소화율이 감소하여 칼로리가 부족해지자, 먹는 양을 일시적으로 늘려서 필요한 칼로리를 보충하고 있는 거지요. 그러나 이러한 대상 행동은 고양이의 몸에 강한 부담을 주기 마련이며 길게 지속할 수는 없습니다. 언젠가는 소화 기능도 약해져 결국은 마르게 되는 것입니다.

그러니 시니어 고양이에게는 꼭 소화가 잘 되는 식사를 주도록 합시다.

고양이와 비만 ④ 유전적 요인, 체격

🐾 고양이에게 비만의 유전자가 있다?

비만이 되기 쉬운 고양이의 품종이 있는지에 대해서는 아직 결론이 나 있지 않습니다. 한 연구 보고에서는 믹스종의 장, 중, 단모종 전체, 그리고 맹크스(영국의 맨 섬이 발상지인 꼬리가 없는 고양이)는 비만이 되기 쉽다고 공표했습니다. 그러나 그 근거는 아직 연구 중에 있어 특정 품종이 비만이 되기 쉬운지에 대해서는 단언할 수 없습니다.

하지만 호주의 버미즈(갈색의 고양이와 샴고양이의 교배종)는 실제로 지질 대사에 이상이 있는 유전자를 가지고 있다는 것이 알려져 있습니다. 간단하게 말하자면 비만이 되지는 않아도 비만인 것처럼 혈액이 지방 물질로 끈적끈적해지기 쉬운 품종이라는 것입니다. 혈중 지질의 제거 능력이 낮고 혈액이 끈적끈적하게 되는 '고지혈증'에 걸리기 쉽지요. 그리고 지질대사의 문제뿐만 아니라 혈중 악성 콜레스테롤이 높아지는 특징이 있어, 호주에서는 비만이 아니라도 당뇨병에 걸리는 버미즈 고양이가 많아지고 있다고 합니다.

이것은 호주에서 버미즈라는 품종을 만들 적에 교배에 사용된 고양이가 이러한 유전 질환을 가지고 있었기 때문으로 생각됩니다. 고양이의 선택 교배나 품종 개량에 이러한 위험이 있다는 것을, 우리는 잘 알고 있어야 합니다.

🐾 체격이 큰 고양이는 특히 주의

몸의 크기도 고양이의 비만과 관계가 있을 수 있습니다. 여기서 말하는 몸의 크기라는 것은 몸에 붙어 있는 근육이나 지방에 의한 크기(가는, 두꺼운)가 아니라 '골격의 크기'를 말합니다.

한 연구에서는 앞다리의 길이가 19cm 이상인 고양이는 이하인 고양이에 비해 비만이 될 위험이 3.8배나 된다는 결과가 나왔습니다. 몸이 크기 때문에 식욕이 왕성한 것인지 식욕이 왕성해서 몸집이 커지게 된 것인지, 이것에 대해서는 아직 명확하게 밝혀져 있지 않지만 어느 쪽이든 몸집이 큰 고양이는 과식하지 않도록 주의를 기울이는 것이 좋겠지요.

고양이와 비만 ⑤ 식사 제한

고양이만 반대로! 식사 횟수와 비만의 관계

일반적으로 인간이나 개 등은 식사의 횟수가 늘어날수록 비만이 되기 쉬워지지요. 그러나 고양이는 정반대입니다.

식사 횟수를 제한하지 않은 고양이는 비만 위험이 적고, 식사 횟수를 제한할수록 비만의 위험이 높아집니다. 하루 동안 2~3회로 제한 급식하는 고양이는 항상 밥을 먹을 수 있는 자율 급식의 환경에서 생활하는 고양이에 비해 비만의 위험이 무려 3~4배나 된다고 합니다.

고양이 밥은 하루에 1~3회 주는 집이 많고, 몇몇 조사에 의하면 고양이를 기르는 가정의 50~80%가 이에 해당합니다. 우리들이 밥을 주는 '극히 평범한' 방법이 고양이의 비만 위험을 높이고 있다는 사실에 놀라는 분들이 적지 않을 것입니다.

추천 상품은 '건조형 간식'

Part 3 '조금씩 자주 먹는 것이 좋은 고양이'(70페이지)에서도 설명했듯이 고양이는 본래 하루에 10회씩이나 식사를 하는, '조금씩 자주 먹는 식사'를 합니다. 그 때문에 식사 횟수가 제한된 고양이는 공복의 시간이 너무 길어 과식을 하게 될 가능성이 높습니다. 그렇지만 출근 등의 상황 때문에 하루 10회씩이나 밥을 챙기기 어려운 집사의 사정도 무시할 수는 없습니다.

이때 추천하는 것이 건조형 간식입니다. 소분되어 한번에 다 먹을 수 있는 사이즈가 많으므로 하루에 여러 개의 봉지를 준비해 고양이 본래의 식사 횟수에 가깝게 만드는 것이 가능합니다. 건조형 간식은 영양학적으로도 주식인 건식 사료에 가까운 내용물로 이루어져 있는 것이 많기 때문에, 손쉽게 식사 횟수를 늘릴 수 있는 뛰어난 상품입니다. 휴일 등에는 이러한 간식을 주는 것으로 고양이의 만족도를 높여 비만 예방에도 도움을 줄 수 있습니다.

단, 과식이 되지 않도록 간식을 준 만큼 식사에서 빼는 것을 잊어버리지 마세요.

고양이와 비만 ⑥ 다묘가정

가정 내에서의 서열이 비만에 영향을 준다?

무리와 함께 사냥을 해 먹이를 먹는 늑대와는 달리, 고양이는 기본적으로 혼자 식사를 하는 '혼밥'의 동물입니다. 그 때문에 '고양이의 식사에는 사회성이 없다'라는 설도 있습니다. 그렇지만 한정된 공간에 복수의 고양이가 생활하는 다묘가정에서는 어쩔 수 없이 고양이도 어느 정도의 사회성을 보이게 된다고 합니다.

다묘가정에서는 고양이들 사이에 존재하는 서열이 식사를 먹는 방법에 크게 영향을 줍니다. 예를 들면 서열이 높은 고양이가 서열이 낮은 고양이를 밥에 접근하지 못하도록 하고, 뺏어서 먹어 버리는 경우가 있습니다. 그러면 입지가 약한 고양이는 밥을 제대로 구경도 못하게 되지요. 반대로 서열이 강한 고양이는 다른 고양이의 밥까지 먹느라 과식해버리기 때문에 비만으로 발전할 가능성이 있습니다.

고양이의 서열

밥을 먹을 수 있는 서열을 정리하자면 아래와 같습니다.

- 수컷 고양이 〉 암컷 고양이
- 몸집이 큰 고양이 〉 몸집이 작은 고양이
- 고령의 고양이 〉 젊은 고양이

— 야마네 아키히로, ≪고양이는 대단하다≫, 조일신서에서 발췌

단, 1살 미만의 어린 고양이에게는 이 법칙이 적용되지 않습니다. 의외로 어떤 고양이보다 먼저 밥을 먹을 수 있지요. 이런 배려는 서열이 높은 수컷 고양이도 똑같이 보여주는데, 혈연이든 아니든 상관없이 새끼 고양이의 식사를 우선으로 한다고 합니다. 기본적으로 수컷 고양이는 새끼 고양이의 양육에 관여하지 않음에도 불구하고 새끼 고양이에게는 친절하게 구는 모습을 확인할 수 있지요.

어찌되었든 가정에서는 모든 고양이가 평화롭게 밥을 먹을 수 있는 환경을 만들어 주고 싶지요. 다묘가정에서 고양이끼리의 서열로 식사 시간에 갈등이 생기는 경우에는 식사를 주는 방을 분리하는 등 고양이 간에 간섭하기 어려운 환경을 만들어 주도록 합시다.

고양이와 비만 ⑦ 집사와의 관계성

집사와 고양이는 닮아간다?

'이 집사와 고양이, 둘이 왠지 닮았네'라고 생각한 적은 없나요? 실은 비만에 한해서는 이러한 인상은 들어맞는 경우가 많습니다.

'비만인 사람이 키운 고양이는 똑같이 비만인 경향이 있다'라는 것이 연구로 밝혀져 있습니다. 특히 집사가 60살 이상인 경우에는 그 경향이 강해진다고 하는데, 어째서일까요?

고양이를 비만으로 키우는 집사의 5가지 특징

고양이를 비만으로 키우는 집사에게는 다음과 같은 특징이 있습니다.

① 60세 이상이다.
② 고양이와의 심리적 거리가 가깝고 고양이를 사람처럼 대한다.
③ 고양이의 식사를 보는 시간이 길고 노는 시간이 짧다.
④ 예방 의료에 대한 관심이 적다.
⑤ 고양이의 비만을 과소평가한다(그다지 문제라고 여기지 않는다).

①과 ②는 연결되어 있는데, 자녀가 독립해서 혼자 사는 타이밍에 맞추어 고양이를 기르기 시작한 경우, 사람처럼 여겨 너무 귀여워한 나머지 비만으로 만들기 쉬운 경향이 있습니다.

④의 예방 의료라는 것은 질병에 걸리지 않기 위해서 예방하는 의료를 말합니다. 생활에서는 식사, 수면, 운동 등의 기본적인 생활 습관을 개선해서 건강을 유지하는 것 등을 말할 수 있습니다. 그런데 집사가 생활 습관과 건강의 관계성에 대한 관심이 적고 스스로도 비만 경향이 있다면, 고양이의 비만에 대해서도 '큰 문제가 되지 않는다'라고 생각하기 쉬운 거지요.

실제로 비만의 고양이에 대해 '집사는 수의사보다 이 문제를 과소평가하고 있다'라는 연구 보고가 많이 있습니다. 고양이의 비만에 대해서는 조금 엄격하다 싶은 기준으로 살펴보도록 합시다. 결과적으로는 그것이 고양이의 건강과 장수로 이어지는 길입니다.

고양이와 비만 ⑧ 운동 부족

🐾 실내는 쾌적하고 살기 좋지만…

집밖과 실내를 오가며 사는 환경의 고양이도 있는 반면, 특히 도시 등에서는 완전 실내 사육인 가정도 많지요. 실내 사육은 가혹한 기후의 영향이나 감염병 등의 걱정이 적고 고양이에게 쾌적한 환경을 조성하기 쉬운 반면, 어쩔 수 없이 자극이 적고 운동 부족이 되기 쉽습니다. 더욱이 중성화를 한 고양이는 발정기에 왕성하게 돌아다니는 성향이 사라져 성격이 얌전해지는 경우가 많고 바깥의 고양이보다 앉은 자세로 지내는 시간이 늘어납니다. 즉 운동 부족에 의해 비만의 위험이 높아지는 것입니다.

🐾 실내에서 고양이의 운동 부족을 해결하기 위해서는?

실내 사육이라도 다묘가정이거나 개 등의 동거 동물이 있는 경우에는 놀이나 싸움 등으로 일상의 운동량을 늘리는 것이 가능합니다.

그러나 고양이를 한 마리만 기르는 가정에서는 집사의 노력으로 운동 부족을 해소해 주어야 하지요. 외동묘인 고양이의 운동 부족을 해소하기 위해서는 먼저 고양이를 위한 주거 환경을 만들어 주는 것이 중요합니다. 고양이는 평면 운동(복도 달리기 등)보다도 입체적인 수직 운동(계단 뛰어오르기 등)을 좋아합니다. 고양이와 생활하기 위해 넓은 방을 준비하지는 못해도 높낮이를 다르게 하거나 책장 등을 잘 배치해서 오르내리는 운동이 가능하도록 해 주는 것이 좋습니다.

그리고 물론 집사가 함께 노는 시간을 마련하는 것이 매우 중요합니다. 고양이와 노는 시간은 적극적으로 점프를 시키거나 수직 운동을 의식해서 진행해 주세요.

고양이 식습관 고민 타입 발달 그림

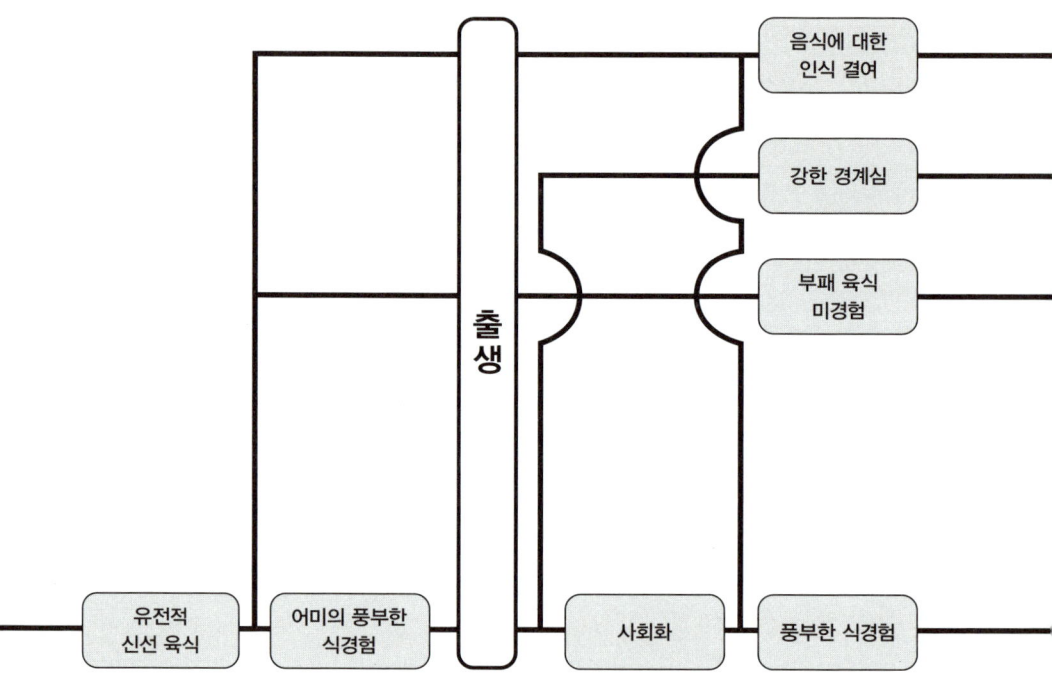

20페이지에서 진단했던 고양이 식습관 고민 타입이 어떻게 만들어진 것인지를 아래의 그림으로 설명하였습니다. 이후에도 고양이 밥으로 고민이 될 때에는 관련되는 항목을 꼭 다시 읽어봐 주세요.

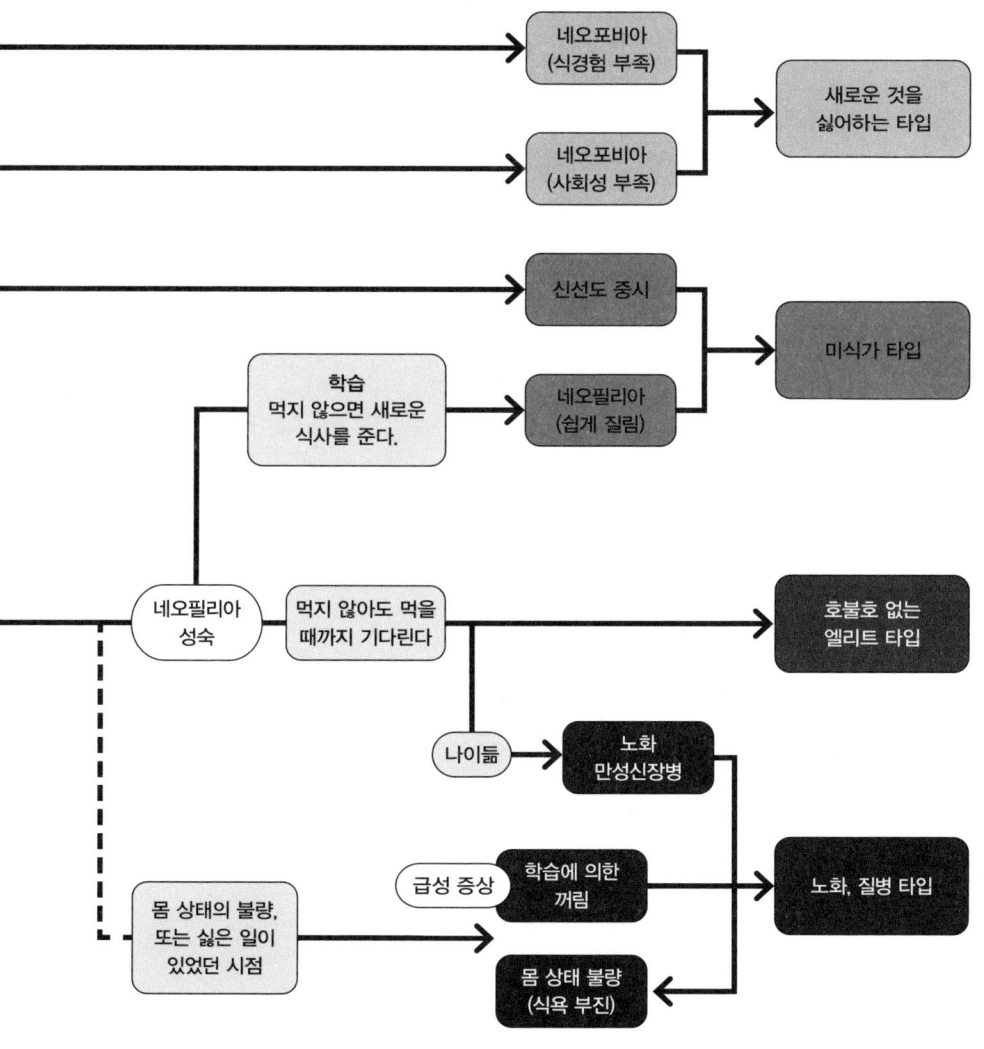

PART 6 고양이와 비만

끝을 맺으며

여기까지 이 책을 읽어주셔서 감사합니다.

여기서 간단하게 저의 고양이와 함께한 역사와 이 책을 만들게 된 이유에 대해 설명하고자 합니다. 평생을 고양이와 함께 살아왔지만, 그중에서도 가장 중요하게 생각하는 것은 역시 사료 제조 회사에 취직한 후 함께 살기 시작한 '스우'와 '마이루'라는 2마리의 고양이들입니다. 이 두 고양이와 만난 건 새로운 집으로 데리고 갈 고양이를 찾으러 가자고 결정한 날이었습니다. 마치 운명처럼, 가던 길에 들른 공원에서 열리던 유기묘 입양 이벤트에서 만나게 되었지요. 다섯 형제 중에서 남은 2마리였던 이 둘을 망설이지 않고 함께 데리고 오게 되었습니다. 웃음이 끊이지 않는 생활을 해주었으면 하는 바람으로 지은 두 마리의 이름을 합치면 '스마일'. 회사나 학회 등에서 배운 전문 지식을 고양이들에게 협력을 받아가며 확인하고, 그것이 확신으로 변해가며 함께 걸어온 13년이었습니다.

스우는 조금 까다로운 면이 엿보이지만 애교가 많은 여자아이입니다. 특히 제가 재직 중인 회사의 캔을 가장 좋아합니다. 마이루는 보통은 얌전하고 느긋한 성격이지만 식사에만은 진심인 남자아이이고요. 제가 가진 모든 지식을 동원해서, 선호하는 정도의 차이는 나더라도 가리지 않고 무엇이든지 먹는 고양이들로 자랐습니다.

그렇지만 제가 온전히 키워낸 고양이는 아직 이 2마리뿐입니다. 세상에 고양이 밥에 대해 고민을 안고 있는 집사가 매우 많은 것은 예전부터 알고 있었습니다. 그리고 그 원인에 대해서 최근에 겨우 깨닫게 되었지요. 바로 고양이가 느끼는 맛에 대한 정보가 서적, 인터넷 사이트 등 어디에도 제대로 정리되지 않았기 때문이었습니다. 전문기관에서는 고양이의 미각에 관해 연구가 진행되고 있지만 그것들에 대해 일반인 집사가 배울 수 있는 기회는 거의 없습니다. 고양이 밥의 맛의 비결은 사료 제조 회사의 중요한 포인트이기 때문에 아직 알려진 바 없는 정보를 구태여 집사들에게 적극적으로 공개하지 않았던 것들도 하나의 요인일지도 모릅니다.

그래서 사료 제조 회사에 속해 있는 입장이기는 하지만, 같은 집사로서 집필에 도전하게 되었습니다. 모든 고양이와 그 가족의 쾌적한 생활을 위한 것입니다. 이번 책은 고양이 밥의 맛에 대해 전문가의 입장에서 쓴, 파문을 일으킬 만한 최초의 책이 되기를 기대하고 있습니다.

애묘심이 넘치는 스탭들의 크고 많은 사랑으로 완성할 수 있었습니다. 제가 대학원에서 박사를 취득하는 것을 목표로 삼았을 때도 도와주시고 집필의 기회도 주신 후쿠시마 유키오 씨를 시작으로 집영사는 물론 홈사의 여러분들, 훌륭한 일러스트를 그려주신 후카가와 나오미 씨, 저를 지지해준 부인과 가족, 그리고 반려묘 '스마일'에게 깊이 감사를 전합니다.

참고 자료

Samaha, G., et al.(2019) "The Burmese cat as a genetic model of type 2 diabetes in humans." Animal genetics 50.4: 319–325.

Slovak, Jennifer E., and Taylor E. Foster.(2021) "Evaluation of whisker stress in cats." Journal of Feline Medicine and Surgery 23.4: 389–392.

Stasiak, Maciej. (2002) "The development of food preferences in cats: the new direction." Nutritional neuroscience 5.4: 221–228.

Tarkosova, D., et al. (2016) "Feline obesity-prevalence, risk factors, pathogenesis, associated conditions and assessment: a review." Veterinární medicína 61.6: 295–307.

Turner, Dennis C., Patrick Bateson, and Paul Patrick Gordon Bateson, eds.(2000) The domestic cat: the biology of its behaviour. Cambridge University Press.

Watson, Tim.(2011) "Palatability: feline food preferences." Vet Times 41.21: 6–10.

Wyrwicka, Wanda. (1978) "Imitation of mother's inappropriate food preference in weanling kittens." The Pavlovian Journal of Biological Science: Official Journal of the Pavlovian 13.2: 55–72.

Wyrwicka, Wanda.(2018) Imitation in human and animal behavior. Routledge.

Zampini, Massimiliano, and Charles Spence. (2004) "The role of auditory cues in modulating the perceived crispness and staleness of potato chips." Journal of sensory studies 19.5: 347–363.

Lund, Elizabeth M., et al.(2005)"Prevalence and risk factors for obesity in adult cats from private US veterinary practices." Intern J Appl Res Vet Med 3.2: 88–96.

Figge, K.(2011) "Kibble Shape and Its Effect on Feline Palatability." Pet Food Forum.

Hand, M. S., Thatcher, C. D., Remillard, R. L., Roudebush, P.(2001) 小動物の臨床栄養学4版. マーク・モーリス研究所, アメリカ, カンザス州トピカ

https://www.afbinternational.com/blog/

Koyasu, H., et al.(2022) "Correlations between behavior and hormone concentrations or gut microbiome imply that domestic cats(Felis silvestris catus) living in a group are not like 'groupmates'." PLoS ONE 17.7: e0269589.

Kozuchowicz, Agata Teresa. (2018) Effects of kibble characteristics on feeding behaviour in cats. Wageningen University and Research, Aarhus University

Lee, Peter, et al.(2013) "Potential predictive biomarkers of obesity in Burmese cats." The Veterinary Journal 195.2: 221–227.

Milner, Alexander M., et al. (2021) "Winter diet of Japanese macaques from Chubu Sangaku National Park, Japan incorporates freshwater biota." Scientific reports 11.1:1–6.

Mori, Nobuko, et al.(2016) "Overall prevalence of feline overweight/obesity in Japan as determined from a cross-sectional sample pool of healthy veterinary clinic-visiting cats in Japan." Turkish Journal of Veterinary & Animal Sciences 40.3: 304–312.

Mugford, R. A(. 1977) "External influences on the feeding of carnivores", In: Kare, M. R. and Maller, O., eds, The chemical senses and nutrition. Academic Press, New York, pp 25–50.

National Research Council. (2006) Nutrient requirements of dogs and cats. National Academies Press.

Pekel, Ahmet Yavuz, Serkan Barış Mülazımoğlu, and Nüket Acar. (2020) "Taste preferences and diet palatability in cats." Journal of Applied Animal Research 48.1:281–292.

Pibot, Pascale, Vincent Biourge, and Denise Ann Elliott, eds.(2008) Encyclopedia of feline clinical nutrition. Aniwa SAS.

Reina, Kelly.(2010) Neophilia in the domestic cat(Felis catus). Diss.

Rutherford, Shay Rebekah. (2004) Investigations into feline (Felis catus) palatability: a thesis presented in partial fulfilment of the requirements for the degree of Master of Science in Nutritional Science at Massey University. Diss. Massey University.

참고 문헌

今泉忠明『イリオモテヤマネコの百科』データハウス、1994年。

紺野耕『猫を科学する』養賢堂、2009年。

林良博『イラストでみる猫学』講談社、2003年。

山村辰美『ツシマヤマネコの百科』データハウス、1996年。

一般社団法人日本ペット栄養学会『ペット栄養管理学テキストブック』アドスリー、2013年。

阿部又信「イヌ・ネコの基礎栄養(2) 食性、嗜好、食餌の摂取量など」ペット栄養学会誌2.2: 70-77,1999年。

岩﨑永治「肥満ネコにおける診断マーカーの変動とその臨床応用」DISS. 日本獣医生命科学大学、2016年。

山田賢次、福井祐一「特許・論文から解析する猫の嗜好性: メイラード反応物質・アミノ酸・核酸系調味料・ピロリン酸」ペット栄養学会誌21.2: S31-S32,2018年。

小暮規夫「動物たちの嗅覚と行動」日本鼻科学会会誌37.1: 1-4,1998年。

川端二功他「動物の味覚受容体」ペット栄養学会誌17.2: 96-101,2014年。

北中卓「犬と猫の嗜好性」ペット栄養学会誌20.Suppl: S15-S16,2017年。

山根明弘『ねこはすごい』朝日新聞出版、2016年。

大石孝雄『ネコの動物学』東京大学出版会、2013年。

一般社団法人ペットフード協会ウェブサイト https://petfood.or.jp/

참고 문헌 검색용

Allan, F. J., et al. (2000) "A cross-sectional study of risk factors for obesity in cats in New Zealand." Preventive Veterinary Medicine 46.3: 183-196.

Bradshaw, J. W. S., et al. (1996) "Food selection by the domestic cat, an obligate carnivore." Comparative Biochemistry and Physiology Part A: Physiology 114.3: 205-209.

Bradshaw, J. W. S., et al.(2000) "Differences in food preferences between individuals and populations of domestic cats Felis silvestris catus." Applied Animal Behaviour Science 68.3: 257-268.

de Godoy, Maria R. C. (2018) "Pancosma Comparative Gut Physiology Symposium: All About Appetite Regulation: Effects of diet and gonadal steroids on appetite regulation and food intake of companion animals." Journal of animal science 96.8:3526-3536.

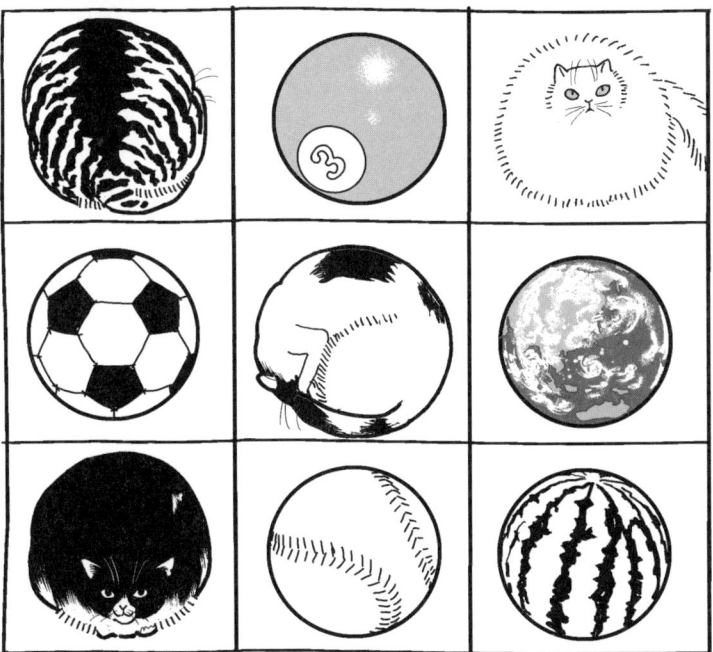

사료 전문가가 알려주는 고양이 식습관

고양이는 왜 밥을 먹지 않을까

1판 1쇄 발행 2023년 12월 19일

저 자 | 이와자키 에이지
역 자 | 김가현
발 행 인 | 김길수
발 행 처 | (주)영진닷컴
주 소 | (우)08507 서울특별시 금천구 가산디지털 1로 128
　　　　　STX-V 타워 4층 401호
등 록 | 2007. 4. 27. 제 16-4189호

©2023. (주)영진닷컴

ISBN | 978-89-314-6973-8

이 책에 실린 내용의 무단 전재 및 무단 복제를 금합니다.
파본이나 잘못된 도서는 구입하신 곳에서 교환해 드립니다.

YoungJin.com Y.
영진닷컴